国学之树

重新发现古中国人的思维智慧

许文胜 著

长江出版传媒 | 长江文艺出版社

北京长江新世纪文化传媒有限公司
www.cjxinshiji.com
出品

文 言

由于历史的原因，现代对中国文化的概念认知，大多以西方文化学者的理论为依据，在人们的思想意识中形成了对传统文化的刻板印象甚至偏见。究竟什么是中华文化？中华文明究竟源起何时？文化与文明的真正内涵是什么？实际上，中国文化的内涵与精髓远比我们了解的深沉久远。

于是就产生了这本拙作，希望能让大家发现中国文化之根，并能够清晰地看见这些灿烂文化背后的思维脉络，使人们能够触摸古中国文化的思维之美。

关于中华文明的起源，西方的考古学者把公元前1500年以后殷商文明作为中国文明最初的起点，因而把中国排在了“四大文明古国之末”。某些历史爱好者就按照西方对于“文明”给出的定义，也将中华文明的起源理解为3500年左右，这个误区源于对“文明”的定义标准。

目前，西方学术界对于文明的界定并没有统一的标准。

美国学者摩尔根认为文明的标志是阶级的出现、文字的使用、金属工具的运用。英国学者丹尼尔认为文明的社会，符合以下三项条件的两项即可：有五千人以上居民的城市，有文字的使用，有复杂的礼仪中心。日本学者举出青铜器的出现、宫殿基址、文字三项要素可以是文明的标志。以上三种观点，在现在的史学界比较有代表性。

仔细斟酌不难发现，这些衡量标准中出现了概念的混淆：文明的开始和文明进程的区别。以上评判标准中，有的标志是概念特征，有的却是具体产物，还有的是文明进程的产物，并不是文明的发端创造，使得评判文明出现诸多分歧和异议。

“文明”最早出自《易·乾卦·文言》：“见龙在田，天下文明”。文明就是文化昌明，即民族的先祖通过对自然规律的探索实践，形成智慧并不断地展现和传承。文明产生所必须的关键要素是：文字创造、组织治理、生产工具。文明最核心的标志就是文字的创造和使用，有了文字促进了群族间的有效沟通，并且通过文字能够彰显规律与秩序，也有了信息以及历史的记录；组织治理的出现意味着社会形态的产生，出现不同职能的分工，这也意味着族群出现了阶层；生产工具的变革，从直接依靠原始自然物转换成借助所创造的工具进行生产和创造。具备这三要素，文明就真正的开始了。

中华文明的产生中，核心标志的文字早在伏羲时代已经出现了。8000年前的伏羲创立了八卦，这是中国最早的文。《史记》记载：伏羲造书契以代结绳之政。八卦不仅是文字的表达，更重要的它还是对规律进行总结的模型，是中国思维的推演模式，大家可在持续的阅读中产生共鸣。而能够认识八卦的价值，必须有《易经》的象理研究背景和中国古科技知识，这就是为什么西方史学者很难深刻理解。

伏羲时代已存在社会治理，有分工明确的官员制度，有地域的划分，有具有不同职能的场所，社会形态已经建立。伏羲时代工具的使用取得了很大进步，能够将燧人氏发明的钻木取火的火种存储，并且具备利用火进行烹饪、加工产品的能力，同时能够通过发明渔网等工具进行渔猎，以及畜养牲畜。

综合文明产生所具备的关键要素，中华文明至少始于8000年前，而不是西方人所说的3500年。浙江桥头遗址的重大考古发现中，更将中华文明起源的时间向前推了1000年。在桥头遗址挖掘出的诸多陶土器物上发现了诸多伏羲卦符的图纹，而这些陶器经测定距离现在至少有9000年的时间，这也使中华文明的开端上溯到了更早的9000年前，中华文明绵延长久、智慧深远，是吾等子孙后代的自信与荣耀。

以往我们总是依据西方人给出的文明标准来定义中华文明史的时长，但却很少思考，西方给出的诸多评判标准是以他们最初出现的文明表现来定义的。由于西方文明本身就是晚于中华文明而出现的，因此他们所理解的文明表现已经是中华文明发展到一定阶段时的诸多形态，而文明从来不是一个死的、静态的名词，而是随时空进展在不断丰富其内涵的过程，但以文明已经发展到某种阶段的特质来衡量文明的确是不适宜的，至少无法衡量更早产生的中华文明。好比在一个家族中，孩子没有见过自己的祖父甚至曾祖父，而他们完全以自己父亲的生活状态来描述祖父以及曾祖父的生活，这样是不够准确的。

所以，本书的核心是让国人认识到不能以西方后来的文明来定义比它更早的中华文明，而是要以中华文明自身的特质来界定。还有更重要的一点，我们中华文化如此地古老深厚，但传承至今却没能进行很完善的系统梳理，中国文化中有太多优秀、精深的内核都没有被系统地表达和展现，而我们也竭尽所能，尽量给予抛砖引玉的指引，让大家对本民族的思想文化有基础地认知，去重新发现中华文化之美，这也是真正建立民族自信、文化自信的根本。

期许读者朋友认识到中华文明创立和发展的独特，了解中华文明的系统思维，这部分内容也是本书重要的章节，分享这套兼具了道、法、术特质的思维哲理、思维工具以及思维应用的系统，让真正的中国文化思想开创国家的创新时代，再创曾经保持了千年之久的文化科技昌明。也希望大家共同努力持续守护与传承我们的中华文明。

许文胜

中元 4717 年立冬

扫码听作者分享
这本书的精华

目录

第五章　国学树枝：墨法兵谋名农，自成体系的中国智慧

第六章　国学树皮：中医，世界上唯一具备辩证哲学体系的医学

第一章

说文解字，展现文化的前世今生

第一节　古人怎样理解“文化”

近年来，随着人们对传统文化的重视，越来越多的人开始学习国学。“国学”这个词语首次出现是在1905年，由晚清学者邓实提出，邓实讲：“国学者何？一国所自有之学也。”“国学者，与有国以俱来，本乎地理，根之民性，而不可须臾离也。”今天我们来探讨国学，就是清晰地让大家了解国学的体系是什么，国学的本质是什么。

要想深入学习“国学”，有个词语是我们不可避免要去了解的。如果连这个词语都不了解，谈国学没法谈。在我们一般的认知里，这个词语所包含的内容已经非常庞大了。那么，这个词语是什么呢？——文化。

你得先知道什么是“文化”，才能知道什么是“国学”。抛开“文化”谈国学，相当于只了解发动机，而不知道什么是汽车一样，等于还没有找到系统。实际生活中，很多情况下我们心里明白“文化”是什么意思，却没法儿具体地用语言表达出来。

【文】是卦与爻的形象体现

《尚书·序》中说："古者伏羲氏之王天下也，始画八卦，造书契，以代结绳之政，由是文籍生焉。"

这里的"造书契"就是将造出的文字刻在木片或者竹片上。整句话的意思是讲：伏羲氏族创造八卦，将其刻于木片上，替代了结绳记录事物的方式，由此以文形式的籍册便产生了。所以，这里的记载意味着，"卦"的出现代表了"文"的产生。

《说文解字》又有，"文，从爻从玄"。"文"的底部其实是一半的"爻"，"爻"是代表对宇宙事物规律的两种抽象表达符号，是阴和阳。更进一步指示"文"与"卦"的关系，以及与"爻"的最初对应，再彰显为事物、现象投射出来的印迹，这就是传说中的象。

那么"文"用现在的话怎么解释呢？就是被先人用符号表达出来的宇宙间万物的特征、属性、关系。

【化】是事物性质的根本改变

《黄帝内经》讲："物生谓之化。"什么是"物生谓之化"？一个事物的新生被称为"化"。现在理解为一个事物不断在发生变，最后由量变达到质变的时候，就叫作"化"，化是产生的刹那，由"变"累积的结果。

汉代大学者许慎在《说文解字》中对"化"的解释是"从二人，从阴阳"。一个男的，一个女的；一个正，一个反。

所以"变化"这个词不是一个意思，是两个意思。"变"是指事物转化的过程，"化"是指事物的性质发生了根本性改变，产生了新的状态，与之前不同。如果没发生根本性改变都不能叫作“化”，只能叫作“变”。性质一变、状态一变，就成“化”了，所以“化”的核心意思是阴阳之改变。

“文化”这个词，最开始来自《周易》的贲卦

那什么是文化呢？其实“文化”这个词语最开始来自《周易》的《贲卦·象传》：“观乎天文，以察时变；观乎人文，以化成天下。”

首先“观乎天文”中的“观”，并不是我们现代通常认为的“观”即“看”的意思。“观”相比于“看”，增加了思维的境界，“观”的本意是看的同时以及看之后，有大脑的思维、琢磨、了解、探究，这样才是“观”。

“观乎天文”中的“天”也不是指天空，而是指天体。“观乎天文”就是审视天体的各种运转现象，据此总结出相关的规律和原理。“以察时变”又如何解释？“以”，就是“用于”；“察”，就是“察看、了解”；“时变”，就是随时间变化而生发的变化。所以“观乎天文，以察时变”讲的是，我们要懂得通过审视天体和各种自然现象，归纳掌握其运行原理，再去了解天体和自然按其运行原理而随时间进行的变化。

中国古天文学出现得很早，早在上古时期的人们就通过仰观天文和俯察地理掌握了日、月、年的概念，天文历法也就此逐渐产生。明代顾炎武《日知录》里讲：“三代以上，人人皆知天文。七月流火，农夫之辞也。三星在户，妇人之语也。月离于毕，戍卒之作也。龙尾伏辰，儿童之谣也。”

这里的“三代以上”是指比夏、商、周还要早的时代，“七月流火”“三星在户”“月离于毕”“龙尾伏辰”均是天上的星象变化。这些天文星象之词，在上古时期已经普及到人人皆知的程度了。

在当时，人们看到太阳从东方升起，在从西方落下，转了一轮以后，

下次又从东方升起西方落下，以地球为立基点时看到太阳绕着地球在动，于是就有了“日”的概念，太阳绕地球转一圈为一日。人们观察月亮，发现月亮围绕着地球转动，从新月到望月再到朔月完成一个周期，这个周期变化需要29日到30日左右，于是人们就把这个周期定义为一月。之后人们又发现地球绕太阳转一圈，需要365到366个日子，就把它定义为“年”。所以说中国人很早就确立了日、月、年的概念。

从“三代以上，人人皆知天文”，我们已经明白中国的古天文学是非常发达的。2016年被正式列入联合国教科文组织人类非物质文化遗产的中国“二十四节气”也是古天文学中的一个重要产物，这是关于物候节令的规律总结。

古人以地球作为立基点的时候，发现天空是一个大圆球，就把它定义为一个天球，太阳在这个天球当中旋转，把太阳旋转的轨迹叫作黄道（我们常说的黄道十二星座，也是这么来的）。这个轨迹一共360度，以15度为一个节气进行分割，视太阳从春分点（黄经零度，也是360度，此刻太阳垂直照射赤道）出发，每前进15度为一个节气，那么当太阳走到了第315度的时候，立春就来了，到360度（零度）就是春分了，到了立秋135度，到了秋分180度，夏至90度，冬至270度，这便是古人通过“观乎天文”发现并掌握的天体运动的规律。

以上是观乎天文，但还有人文没有讲。接下来的一句，就是让文化概念产生的最重要的一句话，叫作“观乎人文，以化成天下”。这句话中，前面解释过了“观”和“文”的概念，“人”指人的个体或人群，同时也指一切人的行为。

《庄子·秋水》中讲：“牛马四足，是谓天；落马首，穿牛鼻，是谓人。”古人对于天和人的理解远比现在的我们认知有深度，庄子用非常直白的语言为我们定义了天与人。他表达的“天”是自然的，天然的，宇宙客观的存在。而“人”除了表达人本身以外，还代表了所有与自然互动，人为加工和制作的过程和结果，即人为。

“化”之前讲过，是转变和转化，“成”是成就。“观乎人文，以化成天下”整句的意思就是：通过审视跟人以及人的行为有关的周遭事物的各种现象，归纳总结出它们的规律性，以此为指导产生了相互转化而成的天下万物。

到这里，就出现了“文化”，即“人文化成”。通俗地讲，就是了解各种事物的规律，同时研究这些规律如何影响人类生活，用于指导人类日常和社会活动。

第二节　文化的现代阐释：有知识，还是有文化

首先阐述一下文化的基本特点，文化永远跟人有关，没有人就没有文化。文化是一个群体的灵魂，是在一个群体当中最根源、最本质的存在，它所发挥的作用无处不在。比如我们拿到一部手机，文化的作用就相当于手机里的安卓系统或者 iOS2 系统，也相当于发动机之于汽车，是最核心本质的东西。

文化是一个群体的灵魂

文化的产生总结起来有这样几个阶段：第一步，能不能对一个现象进行总结；第二步，把总结出的现象表达出来，无论是形成纸面的文字表达，还是形成语言表达；第三步，产生观念，即看待问题的观念。这就叫作文化形成的“三部曲”：进行总结，形成表达，产生观念。文化就产生了！

每种文化的发展和延续，在第三步“产生观念”上往往都是确定文化的标准和特性的，也就是在其发展过程中逐步设立好一套规则，一套评判是非、好坏、对错的规则，而这套判断规则就逐渐形成了文化里的观念，

这便是文化价值观。判断一种文化的核心本质是什么在于了解这种文化的价值观念。

举个例子，最近几年有一个很热的电视节目，叫作“这就是街舞”。街舞这门艺术表演有它自己的独特文化。街舞文化的第一个价值观念叫作“respect”，就是“尊重”；街舞文化的第二个价值观念叫作“peace”，和平；街舞文化的第三个价值观念叫作“love”，爱，充分友爱。

跳街舞的年轻人们在街上较量舞技，观众看到的是“battle”（竞争）——各种炫技的街舞动作都在展现“我比你强”“轻蔑”“你不如我”“你根本比不过我”等。但是反观它的价值观念，却是和其表现形式完全不同的“尊重”“和平”和“爱”。

这种价值观念是缘何而产生的？在街舞的产生过程中，最开始大家都是在竞争、斗胜，但是竞争过程中，由于表现形式过于激烈，很容易产生争斗，而争斗对成员及社区产生的不良后果影响，会导致街舞不能发展，也就不可能有未来。

所以，跳街舞的青年们确定了一个共同的价值观念：不管他们在跳舞过程中使用多么轻蔑性的动作，这些动作仅限于舞蹈中，一旦舞蹈结束，大家都要互相友好，懂得互相尊重，而且绝不说对方的坏话。这个价值观念预防了街舞表现形式中的弱点，形成了好的文化，就促进了街舞的发展。通过“进行总结、形成表达、产生观念”这三步，有了街舞文化的三个理念。所以，即使是貌似简单的街舞都有它独特的文化。

我们在不同的领域都会谈到文化，也都存在文化，比如校园有校园文化，每个学校的风格不同，校园文化也就不同。谈到中国人爱喝的茶，不同的人喜爱喝不同品类的茶，不同地区制茶的工艺也不同，泡茶时冲泡手法也都有差异，因此茶也有相关的茶文化。但这些无一能离开人这个群体而存在，文化一定是与人能够加以利用的事物相关联的，一棵草、一片土如果没有和人产生互动关系，人没有为之发挥主观意识，它本身就不具备成为文化的可能性。

因此文化渗透的范围达到了任何一个有人的地方，大到国家，中到社会，小到企业，微到个人，一切都是以文化为主导的。如果你看一个企业好不好，看它有没有发展前途，要看的是它的企业文化，而不是只看到它的年产值、收入、利润等表象数据。真正能够长久存续、基业长青的企业，必然拥有符合社会、符合民族、对人类有价值的企业文化。反之，它都会是昙花一现或者相对短命的企业。同样，一个国家的文化价值观是什么样，它所展现的行为模式就会是什么样的。

秘辛：有知识不一定有文化

在我们平时的生活中会觉得谁是有文化的人呢？他们是懂古诗词的人？懂文学的人？懂艺术、懂收藏、研究历史的人？似乎文化总是和一个人读了多少书，上了多少学，学历高低，拥有的知识是成正比的。而实际上现在我们所理解的文化已经与文化的本意相差甚远了，很多人总是把“文化”和“知识”混淆看待。

知识是对自然的事物现象的认知和总结形成论述的总和。而文化是要发现事物内在本质，并不断发现其规律，形成系统理论，对实践应用具有指导意义。知识属于文化，文化升华于知识之上。知识是基于某一领域所展开的认知体现，具有碎片化的特征，也具有无限扩张和延展的趋势。

比如，我们学历史，学习了不同朝代的过往经历以及人物概况，这些是知识的范畴。再如我们用手机 APP 租车，这里面有一套程序和步骤，我们学会了用手机租车，这也是一套知识，但不是文化。文化是要透过现象，抓住本质的特性。当你了解了历史朝代更替的根本原因，并能触类旁通总结机理，这就有文化了。所以有知识不一定有文化，但是有文化肯定会让人对知识的掌握变得容易。

我们现代人一说起文化常常会说一句“这人特有文化”，其实他可能不是特有文化，只是特有知识。只有从知识中找到规律，并且还能够应用并指导实践的人，才称得上是有文化。所以真正从根本上讲，做到有文化不容易，在某个领域有文化相对可行，但跨领域有文化却非常不容易，现实中更多的还是有知识的人。

文化在自然形态上具有两个表现形式。一个属于精神思想层面，另一个属于应用层面。精神层面是内在的，它是由思维衍生出来的思想和观念。而应用是外在的，是思想意识与自然事物结合产生的应用。比如说天文，人们通过探索自然，了解了天体的运行规律，再通过天文来记录时间，到后来衍生到信息通信技术，这些都对人类进步产生了重大推动作用，这些都是文化的展现。诸如地理、科技、军事、数学、艺术、生活……都是文化的表现形式。

文化的表现

现在人们由于不了解文化本真的含义，把文化和科技割裂了。说这个人是搞文化研究的，那个人是搞科技研究的。其实错了，这些不同领域的根源全在文化上，是“人文化成”的产物。在文化的主导下才会有科技，因为没有相应的文化，就没有发现科学技术的思维原理，更谈不上创造出科学成果。

第三节　追求中正平衡，是中国文化传承 8000 年的基石

人类文化内核的本质就是人类意识的两个面向，即哲学和宗教。世界上没有一个民族能够摆脱这两个面向而存在，不同民族的文化本质要么是哲学，要么是宗教。

比如泰国是上座部佛教国家；以色列是犹太教国家，西方宗教中第一个产生的就是犹太教；印度是以婆罗门教为主导的印度教国家，佛教实际在印度的地位是有限的，印度教才是印度的国教；沙特阿拉伯是伊斯兰教国家；美国是基督教国家。

中国是三个哲学和宗教一起并行

中国的文化本质里是既有哲学也有宗教的。在中国古代，哲学和宗教对社会进程和思想发展都发挥了极其关键的作用。世界其他国家的文化几乎只有一个哲学或宗教作为主导，有些民族也有别的一些因素作为主导，但都影响不大。而在几千年的发展过程中，唯独古中国是三个哲学和宗教一起并行。它们三个既是哲学，又是宗教，这就是儒、道和释。

古代中国是哲学和宗教完美合体，并且三位一体的国家。几千年来，这种特殊的形式在世界上只有中国存在。在儒、道、释发展的历史中，三者也有谁为主谁为次之分；在儒、道、释之间可以互相有不同的意见，甚至理念相斥的地方，彼此会有争论，但是它们绝不是“互害”模式，甚至彼此还能做到汲取对方优势进行改良，这是儒、道、释独有的特点。古往今来，世界上经常出现宗教的纷争，比如基督教和伊斯兰教彼此的争端，印度教和佛教角力。而中国能够三教并存，可见中国文化的包容之力。

在世界范围内，文化主要可以分成两大类：一个是东方文化，另一个是西方文化。东方文化和西方文化的产生有着它们各自的时空背景，使得东方文化与西方文化在思想根源上就存在显著差异，两者之间的思维角度是不在一个层面的，不存在所谓谁先进谁落后的问题，只是在不同时空下展现各自不同的作用而已。

伏羲不只是传说，他开创了东方文化

东方文化的产生，以中华文化的开创为标志，从《易经》的根源讲，伏羲是中国文化的创始者之一，他也被认为是中华民族的人文始祖。

中华民族的人文始祖伏羲

以前我们都以为伏羲只是个传说中的人物，传说中和女娲兄妹相婚，人类就此而产生。1983 年，伏羲作为中国的神话人物被改变了。在甘肃省古城纪（现天水市）出土了目前为止世界上最早的遗址——大地湾遗址，时间上远超过河姆渡遗址、红山文化、李家滩文化等。大地湾遗址的出土把伏羲从一个传说的人物变成了一个真正的人，但是不要单纯地理解成只是某个个体，伏羲是氏族社会的首领、代表者。大地湾遗址出土了很多文物，其中有很多文物带着卦、太极类型的图案。现在的河南、福建、广东、浙江人的核心祖先都是伏羲，全是从伏羲这里出来的，历史上叫河洛人。

伏羲所处的那个年代是上古时代。我们的祖先栖息于亚热带地区，处在雨热同期的季风气候里，中国地表生态富饶，人与自然处在相对和谐的状态中。当时以渔猎经济为主，他的氏族当时就在卦台山打鱼狩猎。卦台山风景优美，地势奇特，一条河蜿蜒地流过这座山，八面环山，是一个天然的太极八卦图。世界上目前被发现的两个天然的太极八卦图，一个在卦台山，一个在美国的黄石公园。一个在中国，一个在美国，这两个天然的地方刚好也东西对应。

伏羲在卦台山开始研究自然发现：天亮的时候人就有活力，天黑了以后就想睡觉。有太阳的时候万物都生机盎然，太阳被云遮住了光线就变得很暗，这时候生物状态也趋于静的状态。他发现“一个明，一个暗”就能影响了人和动物的动与静。此时明了暗了，彼时明了又暗了，一个明暗转换成一天，时间的周期就有了，他发现了时间的存在规律。伏羲后来就根据这个特点去分析各种事物，发现连续的晴天过后就会下雨，连续下雨到了一个极致，就会放晴。也发现随着明暗雨晴的时间变化，他也在长大和老去，生物也在成长和死去。

同时，他也体会到空间的存在，发现往上一看有上的位置，再往下一看必有下的位置，有左必有右，有前必有后，有外必有内，有近必有远。他观察位置也是相对的。于是伏羲领悟出事物存在、发展不仅伴随明暗变化，产生出动静的状态， 并且在位置上也同时存在相对的位置关系。因此他找到一组相对的概念，来总结观察到的现象和变化，这组概念不仅能够表达时间，还能够表达空间，这就是“—、- -”，叫阳爻和阴爻。

至此阴阳成为了能够概括任何事物发生、发展、转折、终结状态的一对概念，进而他发明了八卦，八卦也成为表达时空及事物最系统的模型。这是世界上第一次把时间和空间用一套模型给统一起来了，这是爱因斯坦一生追求却没完成的事，伏羲早在8000年前就做到了。

阴阳的概念，随着伏羲的创造，深入到大众之中。古人感悟到：天气过热不舒服，过冷也受不了，只有不冷不热才合适。这就从生活中产生了阴阳平衡的思想，逐步扩大到各个领域，都以阴阳平衡为最中正的方向。人类最关心的是自己的健康，智者发现：只要身体气血不平衡，就会生病，就此产生了中医学。伏羲创造的东方重视中正平衡的文化，不断传承延续至今。

扫码听作者讲
伏羲的故事

资源占有的西方文化

自然给予古中华大地优越的环境，给予中华民族以平和的自然理念。因此中华民族孕育出了感恩自然、顺应自然、与自然和谐相处的文化。而古代西方文化孕育的环境却跟中华民族完全不同。

古代的西方地处高纬度的地区，气候上几乎都处于亚寒带或者寒带气候带，只有一小部分的温带。这样的自然环境造成的是阳光热量不足，资源也相对匮乏，人和动物所需的食物配置不足，除了要寻找一些能吃的果

油画，欧洲殖民者入侵美洲大陆，驱赶与屠杀当地土著印第安人

实外，还要争夺有限的食物资源来使自己得以生存。所以西方人最开始产生出来的思维观念就是要跟自然斗争，与不同族群竞争，思考怎样才能使自身存活。因此在西方人的思想意识里是先从“我”开始思考问题的，要先考虑“自我”的生存，于是他们眼里的自然界都是“为我”所用的。

古代的西方人在承受自然环境恶劣带来的天灾过程中，不但没有被征服，反而被激发出对自然的抗争和征服欲。我们用现在的话讲：西方文化衍生出来的就是一种资源占有文化，也就是永远强调的是把资源握在自己手中。

中国文化中追求平衡的特质，使得中国人做事一般都会考虑两面性，做什么事都要懂得给人留后路，不会把一个事情做到极致；反观西方人却喜欢把事做到极致。所以中国文化讲“度”，讲中庸，做什么事达到一种相对平衡即好，太过与不及都不是合适的状态。这也就决定了宏观层面，中正平衡的东方文化的作用更大；微观层面，资源占有的西方文化的作用明显。

中国文化衍生出来的一切东西都是平衡性的，文化艺术更是如此，里面无不体现对称性，相对性，强调虚实结合，具体与抽象的合体。而西方文化衍生出来的一切都是极致性的，文化艺术强调逼真、完整、完美几何化。这两种文化存在着各自的优缺点，在不同的时空背景里，他们也在各自的民族中起到了自己相应的作用，而采用怎样的文化，就需要看我们想让文化产生怎样的作用和效果，这一点是非常关键的。

古代的行业中，最重要的就是农业

东西方文化受到各自自然条件的影响，发展方向也有很大的差异。殷商时期的中原，有特别多的大象，现在已经见不到了，这也体现了气候的剧烈变化。

《吕氏春秋·古乐》记载："商人服象，为虐于东夷。周公遂以师逐之，至于江南。"这句话是在说，商代人驯服大象对付东夷，周公就派部队将大象驱逐到江南地区。

考古学家胡厚宣参与整理了殷墟历次发掘的甲骨文，他曾经讲："殷代气候，不特稍暖，且远较今日为热。"竺可桢先生是中国优秀的地理学家、气象学家。他也研究过殷墟地区的气候情况，讲殷商的大象是本土所产，而不是从南方地区引进的。因为当时殷墟地区的气候为热带或亚热带，完全适合大象的生长。

所以殷商时期中原地区是存在大象的，尤其在河南大象最多，现在还有黄河象的骨头遗骸为证。更有意思的是，现代中原的河南被称为"豫"，《说文解字》解释："豫，象之大者。"可知以"豫"指代河南，与该省曾经盛产大象有着直接关系。只是后来随着植被的破坏、水土的流失和气候的变迁等因素，这些动物现在已经消失，但可以想象以前的河南，气候相当于现在的清迈。

这样的自然优势造就了中华民族曾经是靠天吃饭的，所以我们就产生了借助天时的文明——农业文明。现在一提到农业，人们就会觉得又土又落后，而实际上在古代，农业就相当于现在的互联网行业，是最先进的行业。古代的行业中，最重要的就是农业。因为懂农业必然懂自然的规律，春耕、夏耘、秋收、冬藏都是与自然相关的规律的应用，先进的农业工具就是生产力，在17世纪前，先进农耕科技多数来自中国。所以那个时候的农业是最先进的产业，可不是所谓的落后产业。

现代人常见错误思维就是：站在现在的时空看过去的历史发展。而要想研究历史，就要站在当时的时空看问题，而不能站在现在的角度去分析。最常有的一句话就是：中国自古是个农业大国，而西方国家是工业国家。说这话的人就是拿古代的中国和近代的西方国家来对比，这种对比会产生误区，因为时间错位的比较本身就是没有意义的。

利他主义与利己主义

除了农业，中国古代的手工业也是极其发达的，手工业技术的发达又孕育了科技的产生，其中最著名的科技成果记载在如《考工记》《天工开物》《梓人遗制》等书籍中。由于农业是个安定的产业，统治者也希望百姓能够安定平稳，而商业则是容易激起个人贪欲的行业，会产生潜在的动荡因素，因此统治阶级希望国家是以农业为主导的，这就导致了中国古代社会重农抑商的政策倾斜。

除了重农抑商，甚至还有重农抑技。统治阶层认为手工都是技巧、不起眼的小玩意儿，根本看不起。所以后来人在研究历史时就会想：这样的政策背景，对科技也不重视，中国的科技自然是落后的。但实际不然，中国的科技在古代不但不落后，反而还特别先进。这是什么原因呢？那就是因为古代中国有太极的思维体系，老百姓用这套思维进行了很多发明和创造。中国古代科技发明高达5000多项，这其中大多数都不是官方做出来的发明，而是老百姓们自发的创造。而且当时根本没有知识产权，老百姓创造了以后民间彼此随便用。

丝绸之路的开通，打开了中国与世界往来的大门，曾经来华的传教士们带走了中国的文化典籍和先进的科学技术。欧洲的农业革命直到16世纪才开始，当时欧洲的农业非常落后，所以他们转而发展了手工业。手工业的发展也催生了艺术品产业的发展，因为手工艺品要做得漂亮精致才好售卖，于是艺术的产业就有了。手工艺品的交易行为，使得西方人逐渐产生了商品交换的行为，他们的商业也就此有了规模。

大肆开展的商业贸易滋长了人性的贪婪，因为所有商业的核心必是“买低卖高”，很少见过“买高卖低”的。所以“买低卖高”是为了赚取利益，是典型的利己主义。加上后来航海技术的西传，使得欧洲人瞬间找到了摆脱自然地理劣势的方向，他们富有征服欲与掠夺性的思想文化更是加剧了他们利用自身的海洋优势进行全球范围的开疆拓土，这也是近代以后欧洲文化迅速崛起的一个重要转折因素。

而在中国社会讲究的 “仁、义、礼、智、信”，作为人伦五常是每个人都要遵守的行为准则，将人的道德标准提升到了很高的位置，是儒家思想根植于古代中国社会最具体的体现。在儒家的人生哲学里，基于自然宇宙的运行秩序来制定社会准则，它是自然秩序在人的社会的印证和映射。仁、义、礼、智、信，这五个从宇宙自然规律中提炼而出的人伦标准也为中国古代社会培养出无数的利他主义者。

在古代中国，自然给予的生存环境优越，人们的生活能够自给自足，儒家的人伦道德准则要求高，社会气氛都是相对平稳而安逸的，所以中国文化讲究感恩自然，顺应自然，懂得平衡。中国的传统思维是不主动进攻的，因此即使是后来中国的航海技术发展到非常发达的时期，中国的古人也不是走向外扩张、侵略他国领土的道路，只是为其他地区的民族带去了中国的文明和科学技术。

西方的文化是不断以利益的获取和对自我的否定而发展的。从其文化之本的哲学就可以展现出：西方哲学的演变是以后来者否定前者来寻求进步。比如在理论上，莱布尼茨推翻了笛卡尔，康德推翻了莱布尼茨，黑格尔推翻了康德等。西方文化中的思想导向铸就了他们哲学、宗教、科技，以及生活的每个方面都体现出的不断分割、推翻、颠覆的特质，这些都归根于他们根深蒂固的思维模式。

还有一个更有意思的现象能表现中西方文化的不同。东方主要是陆地，而西方随着战乱纷争，栖息地也逐渐向海洋周围扩散。所以说东方讲究稳定性，就是喜欢固定在一处，而西方讲究流动性，随水随海洋而居，习惯迁移。东方由于是陆地，土地特别厚重，讲究的是厚德载物；西方不讲厚德载物，西方人讲究是通过交易能够谋取多少利益，这就产生了东西方文化之间最大的不同。

世间不同的表象其实最初都由其自身的自然原因所决定的。而世界各国的文化自然地顺应着自然赋予的规律而运行发展着，不是说谁想改就轻易改变的。

第四节　国学，中国文化最顶层的设计

文化价值观作为文化形成过程里必不可少的一步，是对一种文化进行界定与区别的关键。因为价值观是处理事情做选择时取舍的标准，也可以说是一种深藏于内在的准绳，更是文化发展趋向的指引。通过考察中国传统文化里的价值观念便能了解中国文化的核心理念。

古人的“天”，跟现代人的不同

孔子作为儒家学派的创始者，最有价值的著作是他及其门徒所创作的《易传》，通过这本书的撰写，孔子彻底将《易经》中自然的规律与秩序对应到了人类社会，可以说《易传》的内容完全是《易经》的哲学理论。

《易传》的开篇语：“天尊地卑，乾坤定矣。”白话是这样的，天是高大在上的，地是极端低下的，由此乾卦能量的高大和坤卦能量的低下就确定了。这是在说什么呢？这是在说最重要的是“天”和“地”。

在《论语》中，孔子说“唯天为大，唯尧则之”。这是在说，只有“天”是最大的，没有比它更大的了，只有“尧”能按照天的运行方式办事。“尧”

是上古时期贤明的君主，中华民族的重要创始人。

道家的核心经典《黄帝阴符经》开篇讲：“观天之道，执天之行。”这是说观察宇宙规律，按照宇宙规律做事情。这里面的“执天之行”在现代被演化成了管理学中所说的“执行力”。

中国法家代表人物管仲说过这样一句非常有分量的话：“欲王天下，而失天之道，天下不可得而王也。”这一句讲的是想要统领天下但是却违背天的规律，那就不可能在天下称王。

在古代中国不同历史时期、不同派别的哲学典籍中都会关注的天，就是中国文化的价值观：关注自然的规律与人类社会秩序的统一性。古人早已清楚我们所生活的世界都是宇宙自然秩序影响下的存在，因此古人乐于探索和发现自然的这套秩序与规律，从而以此运用于人生，达到人类社会与宇宙秩序的高度和谐统一。

我们通过上述所引典籍里对天的描述，可能已经大概知晓了天真正的含义，通常我们想到的“天”，可能就是抬头往上看的“天空”，但“天空”并不是“天”，它比“天”还多出一个“空”字。“天”字真正的本义，是“宇宙”的意思。中国古代哲学所探讨的“天”从来不是物质的天，更不是人格化的老天爷，它是真正的宇宙乃至自然。

孔子在《易传》里说了一句非常关键的话，这句话可以被作为人类群体认知自然的关键。当真正的理解了这段话，就知道如何更好地在自然界生存。这句话这样讲：“《易》曰：‘自天佑之，吉无不利。’子曰：‘佑者，助也。天之所助者，顺也。’”

释义是这样的：《易经》里讲，被宇宙护佑的东西，一切皆吉祥，无有不利。孔子说佑是护佑、帮助的意思。宇宙所护佑帮助的人，都是顺应宇宙规律的人。

所以说，在中国文化的价值观念里，“天”（宇宙自然）要求每个人做到“顺天”，只有顺了“天”，才能真正地得到宇宙自然的“加持”，也就是保护和护佑。可惜现代人自以为探索和了解了宇宙自然，实际并未真正了解宇宙、自然的本源规律。

孔子还讲了“五十知天命”，这个“天命”是“宇宙的规则”的意思，是宇宙给你的决定和判断。所以大家阅读中国古典文化思想著作时，看到“天”字，都要记得是指“宇宙”。古人当时已经站在宇宙的高度看待世间所有的现象和事物了，这也是中国文化思想经久不衰从古至今没有被颠覆的原因。

顺天治水的禹与李冰父子

当我们不了解自己传统的、优秀的价值观时，就容易经常犯错。比如中国最早的管理理念和灾害治理理念来自中华民族的另一位创始人禹，禹是夏朝的开国君主。大禹治水的故事很有意思，大禹的父亲叫鲧，鲧治理洪水的方法和现在一模一样，为了防止洪水就建坝。洪水一来，溃坝了，再建一次，又溃坝，鲧用这样的方法治理了许多次，洪水仍然得不到控制，到最后鲧被杀了。禹继承了父亲的遗志，继续治理洪水。禹看到建坝治水起不到效果，就想到了开道把水顺势引流释放势能的办法。这就形成了最重要的一个管理理念，叫作“堵不如疏”。

禹用这种“堵不如疏”的办法，最终把洪水治理成功。治理洪水的事在中国古代历史中有很多成功的例子，因为中国人的思维中，一直闪现着借用自然之势来解决人类困难的智慧。

都江堰水利工程始于秦朝，直到如今仍然发挥着巨大作用。都江堰水利工程是秦朝李冰父子利用地形与水势，以鱼嘴、宝瓶口、飞沙堰三大工程解决了泄洪、排沙两大难题，同时还将洪水引入成都平原进行灌溉。都江堰水利工程设计和建造中的许多原理，都透射出中国文化里“顺应自然”的价值观念。

我们常常说 “天人合一”，实际含义是人类和宇宙是一体的，人只是宇宙的一小部分而已，人要学会效仿自然的规律生活。人类社会也是宇宙系统的一部分，是依据宇宙规律而存在、运转的。

中国文化面临的挑战

1894 年清政府和日本打了一场败仗，导致清政府直接和间接赔给了日本 2 亿两白银，这场败仗就是甲午战争。甲午战争在中国文化史上具有特别的意义，是一场用中国文化理念击碎清政府的战争。

甲午战争失败以后，当时的国民对中国文化和制度的自信心遭到重挫，开始想全面学习西方，所以在 1906 年废除了实行千年的官员选拔制度——科举制度。提到科举，大部分人都会认为那是落后的代表，是一种腐朽的、教条的考试制度。其实，以这种机械的、割裂式的、静止的态度来看待科举制度是错误的，这种错误在于从历史长河中一个微观的点上看待科举制度。

如果认真研究过科举制度，把时间轴拉长来看，我们可以看到：中国科举考试在明代以前，是世界上绝无仅有的、针对优秀精英的选拔体系。隋朝开始出现分科考试选拔人才，到唐代科举考试常科的科目有秀才、明经、进士、俊士、明法、明字、明算等五十多种，内容全面涉及政治、经济、军事、文学、数学、医学、法律、哲学、天文、艺术等。考生通过乡试之后，才可以赴京参加会试。

会试共考三场，每场考试考三天，一共九天。一场考试不允许出门，自带干粮，以防止作弊。古代中国的考试题目不是现在的 ABCD 选择题，选择题是让人们用线性逻辑思维推理问题，这类题通常容易，但缺点在于根本无法展示自己对学问的理解和观点。

当时的科举制度虽然讲究对经书典籍的熟谙，有很多类似完型填空的内容，但重点却在开放型策问上，目的是考查考生的综合思考能力和发散性思维，考生要针对治理国家，解决政治、经济、军事方面的问题提出自己的对策。这些能展示考生是否具有统筹全局的能力，体现思维水平的高低。所以没有卓越的才学、独到的思维和扎实的全科基础知识，是根本无法考取功名的。同时，当时的中国科举制度也是一个让一介平民有可能瞬间进阶国家领导阶层的选拔体系。就是精英靠本事，避免世袭制度的弊端。所以清朝以前的科举制度是非常优秀的人才选拔制度。

国画中的古代科举考试

而清朝时期，面对与正统中华文化的冲突，统治者出于维护统治的目的，逐渐开始改革科举制度，使其变了味，它逐渐变成了一种死板、固化的制度。鸦片战争之后，西方列强用船坚炮利打开了清朝的大门，甲午战争以及和其他西方列强的交手，清政府均告失败，凄惨落幕。

在被侵略的年代，中国人难以坐下来冷静地反思自己的文化，使得人们对自己的文明产生了过度的质疑和自卑。当时的国民对国家民族的自信心开始逐渐削弱，甚至于荡然无存，文化自信慢慢就丧失了。当文化自信心没有了，就开始怀疑自己，怀疑自己民族的文化、教育方式、制度有问题。

科举制度被废除以后，发生的事情值得深思。中国从李鸿章时代，就开始了洋务运动，全面学习西方。后来留洋的学者们看到了西方文化对于工业和科技的巨大贡献，普遍认为先进的物质文明及精神文明都是西方现代化的产物。于是中国开始了“拿来主义”，从西方什么都拿来，把西方作为榜样，效仿它们的政治体制，复制它们的文化，把中国的发展目标定位在实行“西化”的体系下。

但拿来的这些都是西方文化的表现形式，却没有拿来并真正学到西方文化的精髓和根本。提倡拿来主义的人们是热爱自己国家的，也为中国是否能屹立于世界民族之林而忧心，只是错将中国在世界失去的尊严与屈辱，通通算在了自己文化的头上，抛弃了自己的传统，不仅把自己文化中的糟粕扔掉了，同时也把自己文化中的精髓都扔了。这样的抗争无疑是偏颇而激愤的，忽略了自己的民族文化，注定无法扭转国家的命运。

反观我们的邻国日本，在我们进行洋务运动之后，实施了明治维新，也学习西方。两个国家同样都以中国文化为源，但日本的西化，最终打败了我们。

明治维新，不懂《易经》者不得入内阁

明治 5 年（1872 年），明治天皇改新年为西方新年。明治天皇的维新，本质就是抛弃一直秉承的中华文化，全盘西化。 但是在中国文化最核心的部分上，明治天皇一个都没有扔掉，完全地保留了下来。比如说繁体字，也就是正体字；比如说中国的竖版阅读习惯；以及“不懂《易经》者不得

入内阁”的政治人才选拔制度。

日本明治天皇

明治天皇当时保留了中国的正体字。中国文字的最大特点在于，不是由简单的拼音拼写而成，它是用不同的间架结构把原有的独体字合体，形成了复杂的各种字体。它是表意文字，这个文字的全部意义就蕴含在这个字本身里。所以说中国的汉字是一种哲学性文字，汉字的结构组合就揭示了中国文化中的思想与哲学，学习汉字的过程就能学习整套的中国哲学，所以正体字的保留是非常有意义的。

明治天皇保留了中国的竖版阅读习惯，现在我们仍然能看到大量日本书籍的排版是竖版的，而不是通行的横版。横版与竖版阅读相对比，竖版阅读的理解率远远超过了现在的横版阅读，因为竖版阅读是用脑平衡的阅读，而横版的阅读用脑并不平衡。当我们翻开一本竖版的书，从右往左翻开以后，看竖版书籍的任何一段文字时，我们的两只眼睛是对齐的，是上下左右一起移动的，我们的左眼和右眼识别文字，反馈到大脑的皮层意识层，大脑运转再去反思和了解文字的内容和状态，在这个过程当中左右脑是平衡的。这种左右眼平衡使得用脑不累、理解速度加快和看书时间保持非常长，同时对用眼也有好处。

横版阅读是来自西方的体系，是由西方的造字决定的。西方的拉丁字母都是拼音性的文字，比如英文，它是由 26 个字母一个个搭配出来的词，这些词竖着看就看不懂，所以只能横着看。我们把中国汉字横着看的过程中，会发现从左往右看的时候，两只眼睛开始从左边斜视，一点点再传过来到居中，再斜到右边，这样两只眼左右远近来回的协调，对眼睛的感光能力和识别性都容易造成疲劳感。更重要的是：反映到大脑是用脑不平衡的，这种不平衡导致的结果是阅读缓慢，理解力降低（和竖版阅读相比）。

日本这个民族是一个重视细节的民族，中华文化中关于阅读的优秀习惯被保留了下来。可能有人会问：阅读有这么重要吗？是的，阅读非常重要！因为阅读可以更大地激发人的理解力和判断力。

更重要的是明治天皇在明治维新过程中公布了一条规定："不懂《易经》者不得入内阁。"也就是"不懂《易经》的人，是没资格进入日本内阁参与管理国家政务的。"《易经》在中国几千年来，都是历代君王、精英、士大夫奉为圭臬的治国之道，最早都不允许民间私传，所谓"窥者斩"。由此可见明治天皇的智慧，全盘西化的同时把中华文化最精华的部分完整保留了下来，继续在日本发挥光彩，这是明治维新成功的基石。

国学，一直被传承的系统思维之学

当我们了解了文化的概念、作用、特征、表现、本质和价值观后，也彻底清楚了中国文化的具体内涵，让我们回到本书开篇的问题：国学是什么？国学和文化的关系又是怎样的？

文化与国学之间首先是一个包含关系，文化的范畴实际是既抽象又具体的，所以文化一定是包含国学的，而国学只是文化中的一个重要核心。我们只有了解中国的文化，才能进一步深入了解中国文化最顶层的设计——国学是什么。

谈到国学，这个词近几年非常流行，很多人以为这个词在学术意义上的出现，应该在很早以前，觉得可以追溯数千年。其实不然，国学这个词作为中国文化的最顶层设计展现出来，是在1905年。

当时整个中国思想界非常混乱，其中西化者占了上风，传统文化坚持者占下风。这时出现了一位叫邓实的学者，他提倡要建立一个组织，把中国文化保留下来，这个组织叫“国学保存会”，章太炎、刘师培等国学大家也在这个组织中。邓实对国学作了一个定义：“国学者何？一国所自有之学也。”而章太炎先生把“国学”一词解释为“一国固有之学”。

固　囗　古

什么是“一国固有之学”呢？

我们来看汉字造字的哲学表意。这里面的“固”字，不是一般理解的固定、固执、稳固的意思。

“固”字，外面看起来是一个大的“囗”，这个字不念“口”，念“wei”（发音围），这个“囗”字表达的意象是循环往复、自成系统；“囗”里面有一个“古”，我们把祖先传承下来的东西叫作“古”。

所以“固”字就是自古以来，循环往复不间断，而且成为体系的事物。章太炎先生选用了“固有”是有特殊含义的，“国学”是“一国固有之学”的简化词组，中国的国学就是自古以来一直传承下来，没有被断掉的学理体系。

历史走到现在，我们又放大了视角，从中国文化的视角来定义国学。国学是基于中国文化的，对人们的思维产生影响的系统学术理论。这里有三个关键词要注意：中国文化、系统、思维。第一，国学基于中国文化；第二，国学必须是一个系统理论；第三，国学一定对人的思维产生影响。

讲到这里，大家就能理解国学是什么了。比如古典小说不是国学，虽然小说对人的思维有启发，但它对思维的影响不系统，只能泛称中国文化。国学必须是对人思维有影响的、自成体系的一套理论。凡是不成体系的理论，都不能称为国学，只能泛称为中国文化。这一分辨点非常重要，这样我们就理清了国学真正的含义。

扫码听作者讲
1905 年
国学大家的故事

一棵国学树，让你彻底了解国学的完美体系

国学具有丰富内涵，如果想把国学这个抽象概念最直观、立体地展现出来，用一棵枝繁叶茂、根系深沉的大树来类比是最恰当的。 它的构成包

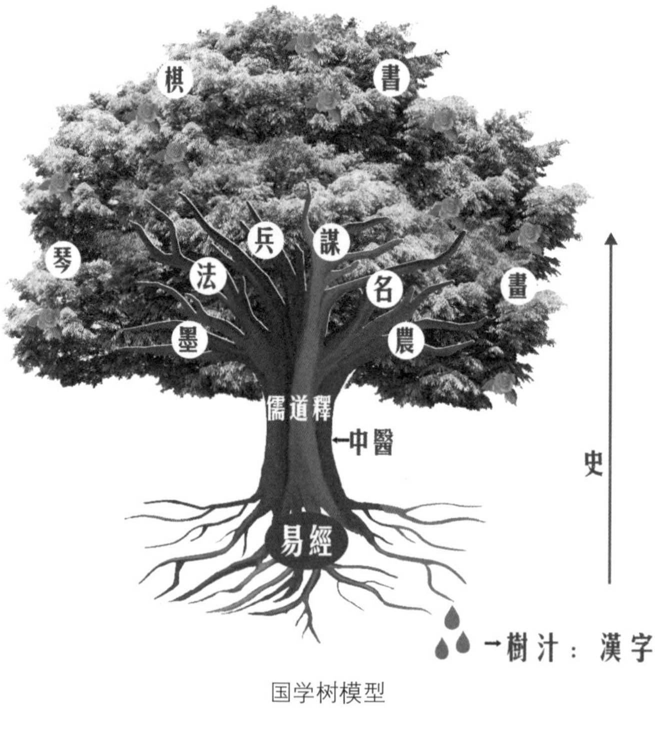

国学树模型

括了树根、汁液、主干、枝干、花叶、树皮和高度。

我们根据中国 8000 年文化历史所累积下来的国学智慧，通过统合分析、确立彼此之间的关系，建立了“国学之树”的系统模型。这个模型是一个对整个国学智慧进行整体分析和精研渗析的思维工具。它能够指导人们学习国学、探索国学、研究国学，通过这棵树的系统模型，让大家对国学体系一目了然，理解起来简单清晰。

首先，当我们看到一棵树的时候，判断这棵树强不强壮，第一眼看的就是树干！中国国学的主干有三个，这三个主干就是儒、道、释。汉代以后，儒家和道家在诸子百家中脱颖而出，与外来的佛教并存，经过两千多年的发展，儒道释相融共生，构成了国学的主流哲学思想。

一棵大树除了主干外，还是有很多枝干的，先秦诸子百家中以墨家、法家、兵家、谋家、名家、农家等为代表的各家学派构成了“国学树”的枝干，可能很多人会疑问为什么这些家只是枝干？它们虽然同样拥有自成体系的哲学思想，但这几家的思想在中国文化中的影响力的的确要比儒、道、释三家要小，更重要的是这些枝干跟主干之间都有着密切关联，它们很多是由主干衍发出来的。

一棵参天大树如果没有丰满的枝叶和花是不完整的，而“国学树”的生长也得益于它有着美丽茂盛的树叶和花，这些不可缺少的花叶就是琴、棋、书、画，这些代表国粹的文化艺术，它们之间同样渗透了许多枝、干上的精髓（哲学和思维）。

大树如果没有皮是无法存活的，而树皮正是通过千年验证的中医。树皮犹如我们人体的皮肤一样，给树提供了全方位的保护与保养。“国学树”能够健康生长，是因中医学的庇护。中医学是中国哲学思想与智慧的结晶，从某种意义上说，整个国学文化是自然之学和生命之学。

而时间承载了一棵树的成长，这棵大树的整个生长历程就是中国的史学。它伴随着时间的延续与空间的延伸，记载了中国历朝历代传承的兴衰成败，更见证了中国国学文化发展的勃勃生机与强大的生命力。

对一棵大树而言，根系健硕便能够把营养输送到整个大树的树干、树枝、茎叶、花与果。但是，一棵树所需的生命营养又都蕴含在树的汁液中了，如同血液之于人的作用。树汁正是中华民族的汉字，没有汉字作为承载文明的形式，后人将无法看到古人的辉煌文明和灿烂文化。中国汉字有其特殊的造字模式，使其自身能够同时表达事物的本质、属性、类别、时间、地点、方位、状态、发展变化的规律，所以中国汉字是世界绝无仅有的具有哲学意义的文字。这些富有哲学表意的文字生动地展示了中华文化中的智慧思想，如同汁液营养贯穿整个大树的生命循环系统。

谈到这，好似这棵大树已经讲完了，其实不是，这棵大树还有一个最重要的地方没有说，就是它的根。这个根看似看不见，好像也没那么大作用，但是若把根给拔了，这棵树就死了。如果不拔这个根，仅仅把树干给砍了，以后还能接着长，只要这根还活着。举个例子，为什么以色列能够复国，复国的第一个原因就是希伯来语的重新恢复。希伯来语恢复以后，正宗的犹太教就开始了复兴，最后以色列就复国了。所以只要根留着，就什么都不怕。根要是没了，表面的暂时繁盛会很快幻灭。

所以维持大树生命活动的基础一定是这棵树的根系。《易经》作为“群经之首、大道之源”，就是中国国学的本源，中国文化的活水源头。

扫码听作者讲国学树背后的故事

第二章 国学树根

《易经》，让古代文化绽放的系统理论

第一节　《易经》是谁

国学树的树根《易经》主宰了国学的生命力，是中华文化 8000 年间历久弥新的根本。作为世界上第一部蕴含宇宙规律智慧的经典，《易经》不仅成就了中华文化的灿烂隽永，它也为世界其他地区的文明带去了重要启迪。讲到《易经》，我们需要先了解“易”这个字的本质含义，理解了“易”的哲学内涵，才会逐渐领悟《易经》到底为我们带来了什么样的智慧启蒙。

大家看这个“易”字的构造，上面一个“日”下面一个“勿”，其实原来不是这样的，原来的易字上面就是一个“日”，指太阳，下面是个“月”，指月亮。这样“易”字就很好理解，就是讲太阳升起来了，月亮落下去了，如果月亮升起来了，太阳就落下了，用很形象的组合表达自然界的星体反复交替。

同时“易”字原来也有一种写法，就像蜥蜴一样，是蜥蜴的象形，因为蜥蜴是可以随着环境的变化而变化的，所以“易”讲的就是一个变化，“易”

表达的就是我们生存的自然与宇宙无时不刻都在变化。

知道了“易”这个字是这么造出来的，那《易经》到底是在讲什么呢？

子曰：“夫《易》开物成务，冒天下之道，如斯而已者也。”“冒”原意是戴帽，引申义为覆盖，涵盖，概括。

孔子说：《易经》的作用是找到事物的本质，能够概括、涵盖天地之间的规律，成就你所想要达到的目的。

《易经》就是研究宇宙间事物规律的系统理论。《易经》作为揭示宇宙变化规律的经典，涵盖了世间万事万物的本质和核心，通过研究这些规律，能够让我们的生活更符合自然的运转，也使人们离自然的真相越来越接近。

扫码听作者讲
《易经》的故事

第二节　《易经》影响了谁

中国历史上，在周代以前是太卜掌《易经》，是禁忌旁人看的书，谁看了就要杀头。太卜是周代朝廷掌管国家战略决策的官员。到了先秦，《易经》是六经之首；到了汉代，《易经》成为五经、七经之首；隋代有了科举制，就有了经科取士；唐代是九经之一，宋代是十经之一，明代也是九经之一，清代是七经之一。近代科举制度废除之前，《易经》一直是中国顶级精英们的必学经典，是多年来考试的第一科。

近代心理学家荣格在《易经》的影响下提出了“同时性原理”，这是一种超越因果律的普遍联系原理。举例说，就是你梦见的事情在现实里发生了，你预感到的事情真实发生了，你在至亲之人遭遇不幸时产生了心灵感应……这些都是真实存在而且有着深邃道理的。荣格在 20 世纪初全面开始研究《易经》，从 1920 年起，荣格开始在精神治疗中参考采用《易经》中描述的方法，疗效显著。荣格根据阴阳将人格态度分为内倾和外倾两种类型；根据四象将功能类型分为思维、情感、感觉和直觉；依据八卦建构了八种心理类型：外倾思维型、内倾思维型、 外倾情感型、内倾情感型、外倾感觉型、内倾感觉型、外倾直觉型、内倾直觉型。他创造的性格分析法成为当今性格心理领域的标杆。

在他 76 岁时，为当时英译版本的《易经》写了一篇序言，名为《周易与中国精神》。在序言最后写道：“《易经》的精神对于某些人可能像白昼一样明亮，对另外一个人则像晨光一样熹微，对于第三者来说，也许就像黑夜一样暗昧了。不喜欢它最好别去用它，如果对它怀有排斥心理，那就不必从中寻求真理。为了那些能明辨其意义的人，且让《易经》走进英语世界中来吧。”

德国哲学家、数学家莱布尼茨

强大的信息时代来临，也跟《易经》有直接的关系。当年莱布尼茨在研究二进制的时期，获悉了传教士白晋带来的《易经》的八卦图和六十四卦图，发现这与他研究的二进制的 0 与 1 概念是完全对应的。他后来还专门写了一篇论文叫《二进位制计算的阐述——关于只用 0 和 1，兼论其用处及伏羲氏所用数字的意义》发表在法国《皇家科学院院刊》上。

他在给白晋的回信中提到：“伏羲是中华帝国和东洋科学的创造者，这易图（八卦以及六十四卦图）是流传于宇宙间的科学中之最古老的纪念物。易图和我的新算术完全契合，我若没有发明二进制，我亦不能明白六十四卦的体系和算法图画的目的，望洋兴叹不知所云……宇宙一切从阴（－－）与阳（—）而来，即 0 与 1。中国社会所实行的表现，给予我们以非常而必要的光明，比之许多学者注重于希腊罗马的知识尤为重要。这是因为中国人在 4000

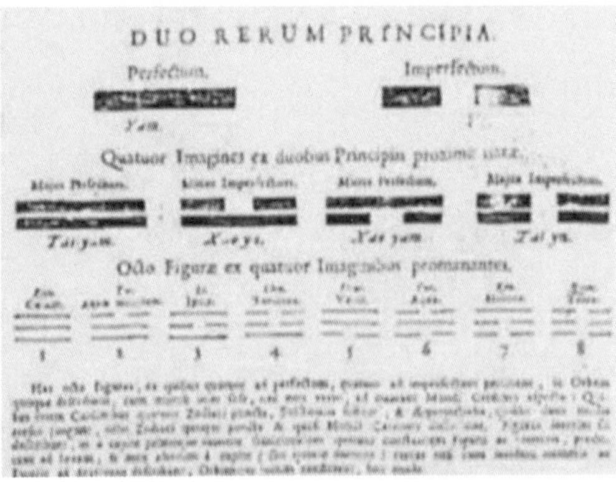

莱布尼茨关于二进制的论文

年前，已了解到这 0 与 1 的二元数学，即中国古代已有科学上的大成就。”莱布尼茨对于《易经》的思维和智慧给予了高度的评价，也因此喜欢上了中国文化，他曾经在德国法兰克福创建过一所中国学院，一直持续了 200 多年，在二战中毁于战争。

哲学家黑格尔的辩证法思想中重要的“正、反、合”辩证逻辑定理是根据《易经》中阴阳之间相互转化、消长规律的启发而来的。黑格尔在自己的自传中提到了《易经》对于他思维的启示，谈到《易经》的卦爻符号是极抽象的范畴，是最纯粹的理智规定。他曾表达《易经》代表了中国人的智慧，他一生中最大的遗憾就是没有完全学透中国的《易经》。

量子力学最重要的创始人尼尔斯·玻尔提出了互补性原理，他于 1937 年访问中国，接触到《易经》中的阴阳概念，并看到太极图之后深受震惊，太极图完美地反映了互补性原理的内涵所在。因为玻尔在量子力学上的巨大贡献，丹麦国王决定授予他荣誉勋章，玻尔在自己授勋徽章上设计了太极图的图案，表达他对《易经》发自内心的无限敬仰与崇拜。

英国的李约瑟穷尽后半生研究中国古代科技史，同时也展开了中西科技和文化的比较研究，在他看来中国传统自然观是有机论的自然观，中国的哲学传统是一种有机的唯物主义，各种现象都按照等级次序同其他现象发生联系。它比西方近代科学思想更为先进。《易经》对中国影响很深，阴阳、五行、八卦这些思想概念对中国的古代科技发展起着决定性作用。

第三节 《易经》都有谁

《易经》包括什么呢？《易经》在历史的发展中先后呈现出三部分内容组成，即“先天易”“后天易”和“阴阳易”。

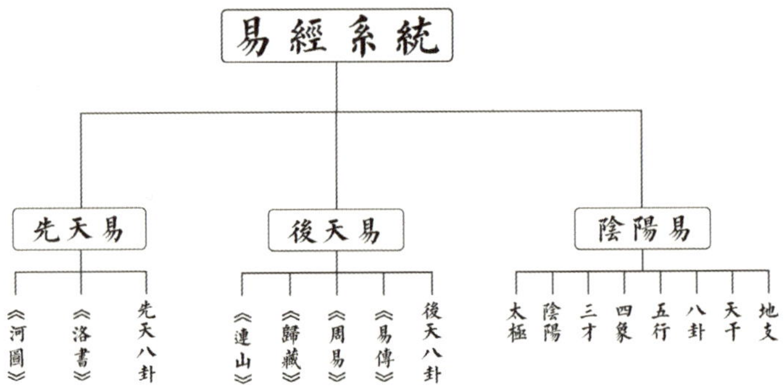

先天易

那么“先天”是什么呢？就是宇宙万物还没有形成以前，即世间的一切尚在孕育的起始阶段，就是如同在母体中的胚胎时期。而这个时期出现的关于宇宙起源的河图、洛书、先天八卦就被称为“先天易”。

先天易距离现在超过了6500年的时间，当时中国还没有现代意义上的文字，但却出现了比文字还要具有思维指导意义的符号，用现代词汇讲，叫模型。这种模型在《易经》当中有很多，有阴阳的模型，有四象的模型，还有八卦的模型。先天易也包括了目前人类最早的智慧图形，一个叫河图，一个叫洛书。即使是今天，河图、洛书的科学价值仍然远远没有被开发得更为系统化，其中还有很强的生命延展力。

河图是研究银河系天体运行总体规律的图形，它描述了银河系的旋转规律、平衡特性，乃至整个宇宙运动的能量平衡特性，是中国古天文学、数学以及围棋的鼻祖。它对中国古天文学的奠基产生了深远影响，中国后来的九章算术、勾股定理、杨辉三角等数学理论也是从河图衍生而来的。而且五行也是由河图产生的，整个中药的配伍也就是依据河图而来。

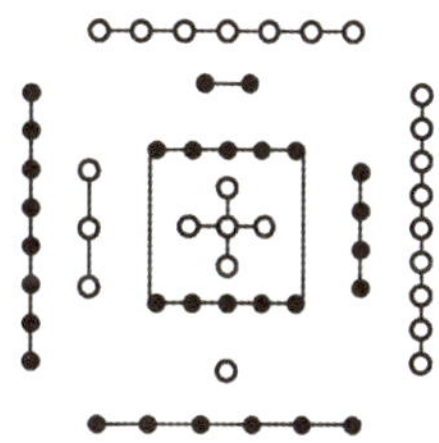

河圖

洛书是研究人类能够感受到的地球与天体之间的作用关系，可以说阐述的是宇宙创生之后的运行规律，是蕴含着人的生物体同宇宙之间规律的模型，它也是中国古地理学、数学、军事学的基石。中国兵法历来兴盛，最早可追溯到黄帝与蚩尤的战争，传说黄帝讨伐蚩尤，失力不胜。在机缘巧合中，黄帝得九天玄女所授兵法“六壬”与“遁甲”后取胜统一中国。“遁甲”即“奇门遁甲”，诸葛亮运用最成功的九宫八卦阵，它正是奇门遁甲排兵布阵的核心，而“六壬”“奇门遁甲”皆源于洛书。还有后世的军事著作和兵家阵法，如《吴子兵法》《六韬》《三略》，又如“七星阵”“九宫阵”等都受到了洛书的核心指导。现在我们将其用于商业的竞争，产生良好的作用。

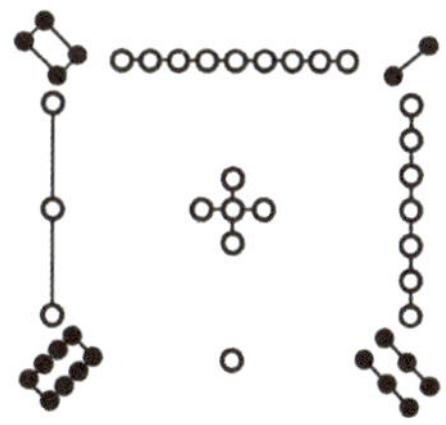

洛書

先天八卦

先天八卦，是伏羲所作。它描述了宇宙事物本原规律，尤其是对于我们所在太阳系的天体运行和自然万物生化的规律进行了本质揭示。在此系统里，既包含了河图、洛书的部分核心，也包含了世界产生之初由太极到八卦的整体生化过程。它以八种自然现象概括世间万事万物在自然中所表现的能量状态，以天、泽、火、雷、风、水、山、地基本自然能量模型展示自然宇宙在时空中所透射出来的“象”。

后天易

“后天”是指在宇宙万物开始形成之后，世间的一切已经进入发展阶段，这个时期就是后天的状态，也就是胎儿脱离母体成为婴儿以后的发展阶段。后天易具体包括《连山》《归藏》《周易》《易传》和后天八卦。先天八卦和后天八卦的时间区别在于6500年前是先天八卦，6500年以后发明了后天八卦。“后天易”主要就是解释“先天易”的。

中国历史第一个朝代是夏朝，夏商周断代史我们研究了很多年，有许多的考古发现，其中之一就是发现在夏朝出现了东亚历史上最早的有文字的书籍，这本书籍就叫作《连山》，也叫《连山易》。相传它是由神农氏所作，神农就是当时的氏族首领炎帝。

神农氏作《连山易》

为什么叫《连山易》？因为《连山易》第一卦是以艮卦（☶）开始的，就是山。《连山易》的八个基本卦均以山的不同形态命名，并且这八种形态不是从一个角度来观察的，而是从前后、左右、上下、内外等各个角度全方位观察的结果。所以《连山易》的核心思维主要就是研究对应关系，阴阳卦的对应，阴阳的相反相应，并通过全方位、多角度观察方法来把握事物的准则，它对中国古代科技与文化都有极大的启示。

夏朝之后发展起来的朝代叫殷商。那个时候又出了一本著作，这本书叫《归藏》，也称《归藏易》。《归藏易》相传是由中华民族的另一位祖先轩辕氏黄帝所作。《归藏易》中以坤卦（☷）作为首卦，象征“万物以大地为母，始于大地，归于大地”。《归藏》偏重于俯察地方，勘测地法，它体现出对动植物以及人的生长规律的关注，其核心主要是讲体用平衡，它的创立对于后世中医学的阴阳调和、平衡辩证的哲学论点，以及对诸子百家的福祸所依、物极必反的治世之道都产生了极大影响。

轩辕氏皇帝作《归藏易》

夏、商之后紧接着的就是周王朝，关于它的组织结构、国家治理等多个方面都有比较完整的历史记录。周王朝长达800年，国家治理非常地稳定，即使到结束时，也不是以血腥暴力结束的，而是以平和的方式慢慢退出历史舞台。

在周王朝里出现了一本著作，这本著作就是《周易》，相传由周文王所作，文王首先是依据河图、洛书中蕴含的数理结构得出了更加符合地球运转规律和能量转化规律的系统模型，再将先天八卦的顺序和方位进行重排，从而创造了后天八卦体系，并延伸到更加细微的六十四卦系统以及三百八十四爻的变化。而且它还比较完整地保留下来了，《连山》和《归藏》大约到汉之前就已经失传了，目前通过考古又不断地发现了一些

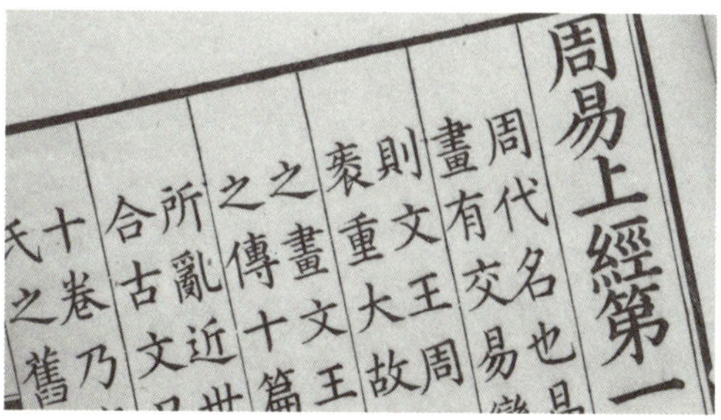

周文王作《周易》

关于它们的残片。

伏羲创造的是先天八卦，周文王开创了后天八卦。先天八卦用在对银河系、太阳系的探索上是非常有价值的，尤其对于量子力学的研究具有关键的指导意义，而后天八卦更多是用来指导我们人类的生活。后天易跟先天易最大的不同就是后天易有了文字，而先天易没有文字。后天易的文字描述更多的是这些创始者的体会，通过他们对于《易经》和卦的体会来不断地完善《易经》这个认知系统。

后天八卦

在春秋战国的时候出现了能够让孔子超越他的老师老子的经典，这个经典叫《易传》，是由孔子及其门徒所编撰，具体地讲是由孔子讲授，门徒来帮助他整理完善而成。在上一章介绍中国文化的核心价值观已经对《易传》在中国文化中的地位作了叙述，它彻底地将自然规律的研究提升到哲理的高度，可以说《易传》的内容完全是《易经》的哲学精华。

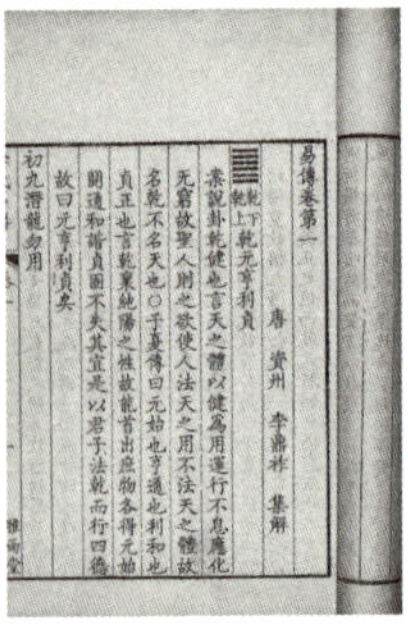

易傳卷第一
唐 資州 李鼎祚 集解
乾下乾上 乾元亨利貞
彖說卦乾健也言天之體以健爲用運行不息應化
无窮故聖人則之欲使人法天之用不法天之體故
名乾不名天也○子夏傳曰元始也亨通也利和也
貞正也言乾禀純陽之性故能首出庶物各得元始
開通和諧貞固不失其宜是以君子法乾而行四德
故曰元亨利貞矣
初九潛龍勿用

孔子作《易传》

关于《易传》的地位，只要是真正从事中国哲学研究的人就知道，《易传》在中国哲学的位置堪称“登峰造极之作”。它的地位前无古人，后无来者。现在很多成语出自《易传》，比如与时俱进、自强不息、厚德载物、殊途同归等。

阴阳易

“阴阳易”包括太极、阴阳、三才、四象、五行、八卦、天干和地支等模型，这些主要是《易经》应用和实践工具。

太极

“太”字比“大”字多了一点，就有极致、过度的含义，“极”有极限的意思，因此太极是指至极之处。因此太极是指针对任何一个事物去确定它的至极之处，也就是核心本质。

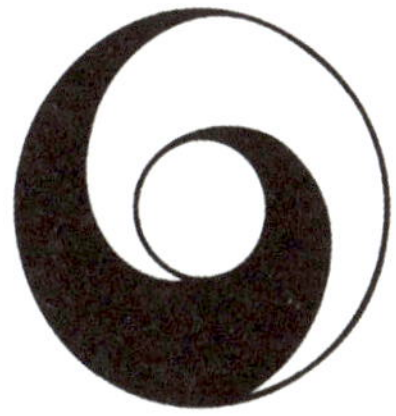

太极图模型

宋代理学家朱熹的《朱子语录》中讲：“太极只是个极好至善底道理。人人有一太极，物物有一太极。”朱熹认为任何人和事物都有它的一个太极点，只要抓住了太极，也就是事物的本质，就能解决核心问题。

阴阳

阴阳的符号早在伏羲时期就已经产生了，而“阴阳”的概念被正式书面化的表述和记载则是在夏朝，这个时期产生了《易经》的第一个比较完整的文字版本《连山易》。

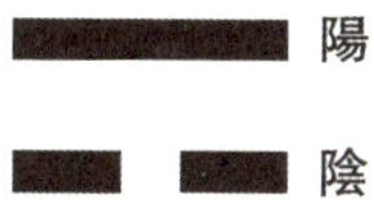

什么是阴阳？阴阳是对一切事物所具对应两面特点的概述表达。既代表具体事物，又代表事物具有的对应面，并说明事物是在两个对应面相互作用中发展变化。阴阳之间的关系也有不同内容，包括阴阳对应、阴阳互根、阴阳消长、阴阳转化以及阴阳互含等多种内在关系。

三才

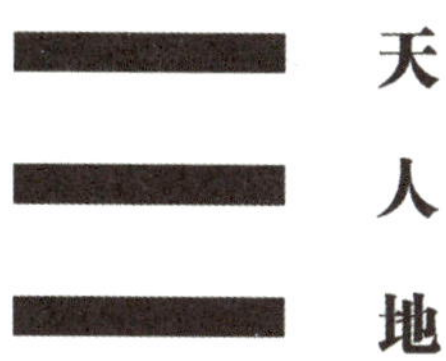

三才代表着事物形成和存在的三要素，即天、人、地。天是天时，人

是人和，地是地利。世界上的事物都是在时间与空间共同的作用下，才具有特定的意义，因此时空是物与物之间关系的量度，无论事物的相互作用还是事物之间的变化生成都由时空来体现。所以，三才是考虑任何现象的必要条件和要素。

四象

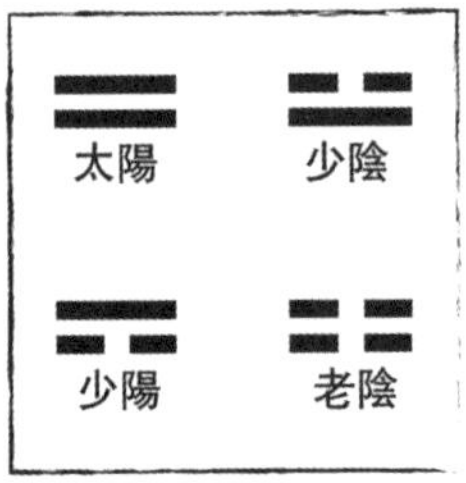

四象

四象是由阴阳衍生出来的四种能量状态，即老阳（太阳）、少阴、少阳、老阴。表达了事物不同的发展历程。四象也在阴阳之上更具体地描述事物的特点，建立产生了事物的二维模型。

五行

五行是循环推演模型，不是线性的逻辑推理。这种循环推演是可以应用在各个领域进行分析的模型。五是五个因素，行是流动的，运动的意思。因此，五行表达了五种流动的运行状态，具有包含一切事物相生相克、互相关联的特点，生克间存在制化、乘侮的作用，对事物之间的作用关系产生影响。

五行生克圖

五行概念的记载，最早出现在《黄帝阴符

经》中，其中有“火生于木”的词句。而“五行”二字，则最早出现于《尚书·甘誓篇》，“有扈氏威侮五行”。《尚书·洪范篇》中“木、火、土、金、水”之名全部出现，即“一曰水，二曰火，三曰木，四曰金，五曰土。水曰润下，火曰炎上，木曰曲直，金曰从革，土爰稼穑”。

八卦

八卦

八卦是事物现象与本质之间的媒介和桥梁，八卦模型能够系统全面地揭示宇宙间事物的能量问题。

在“先天八卦”中，阐述了自然能量是对应交互的，并在整体上达到了完美平衡；在“后天八卦”中，说明了地球及星体的能量在不规则作用中达到相对的平衡；再具体到“八卦”“六十四卦”，都在宏观和微观中诠释着宇宙间的物质属性、事件状态以及自然现象等，并有太极的思维方式进行分析和破译，从而揭示隐藏在物质、事件、现象背后的内部本质构成和发展变化的核心。

天干

天干是甲、乙、丙、丁、戊、己、庚、辛、壬、癸，共十个天干。其为不同种星群及性质的名称。《尚书·益稷》记载：“娶于涂山。辛壬癸甲。”第一次出现了天干的名称。天干早期用于纪日。

天干

地支

地支是寅、卯、辰、巳、午、未、申、酉、戌、亥、子、丑，共十二地支。其为不同磁场的分布及性质的名称。《周礼·春官·冯相氏》记载："掌十有二岁，十有二月，十有二辰，十日，二十八星之位，辨其叙事，以会天位。"表达了十二地支在纪年、月、时的应用。

巳	午	未	申
辰			酉
卯			戌
寅	丑	子	亥

地支

谈到《易经》就要想到这三大组成部分，即"先天易""后天易"和"阴阳易"。它综合了中国文化基本和核心的理论体系。而且《易经》不是简单的几个人创造发明的，它之所以经由历朝历代成长到今天，是由中国各个时代的精英分子不断地完善发展出来的。所以我们会看到，在不同朝代的精英分子们都是有《易经》的修炼基础的。因为《易经》在中国的多个朝代都是科举的重要考试科目，清以前的丞相或者宰相，那都是有强大的学习《易经》背景基础的。

文学家王勃、欧阳修、韩愈、柳宗元、陶渊明、袁弘，哲学家孟喜、梁丘贺、王弼、周敦颐、朱熹、陆九渊、嵇康、阮籍、张载、黄宗羲、王夫之等都对《易经》深入研究，许多中国历史上的文化名人或者朝廷高级官员都是《易经》的重要学习者和发扬者，留有相应的著作让大家去学习和参考。

所以大家发现《易经》在中国历史上的地位是极高的，而并不像我们现在由于文化的断代，许多人基本不了解《易经》是什么，大部分把它当成算命的。真相是把《易经》弄懂了，在现实中做事就会比较容易成功。

秘辛：《周易》不是《易经》

很多人只要一提起《易经》，就把它说成《周易》。实际上，《周易》只是《易经》系统里面的一本书，讲《周易》是《易经》，就落入了以偏概全的思维误区。《易经》是比《周易》大得多的中国文化的核心理论系统。

还经常有人把风水、八字、相术当作《易经》，这就相当于把你家附近的小公园当成西双版纳原始森林一样差别甚大。它们都是《易经》的衍生术数，家族关系就是祖先和后代的连接。

第四节 《易经》的道、法、术

《易经》是世界上唯一将道、法、术合体的理论体系，既有理论思维，又有模型工具，还有应用方式。

《易经》的道

在自然界，道是事物的规律。而在《易经》中的道是在研究宇宙万物过程中，总结形成的不随时空而改变的规律性理念和指导性思维。

《易经》的道，包括人类赖以生存的自然界发展演化中不变的准则，以及通过《易经》理论模型发现的符合自然的多种思维模式。这里给大家讲述《易经》及其关键的认识自然万物的准则，即变易，简易，不易。（关于《易经》的核心思维体系详见作者所著《易经之道》）

变易

变易的核心内涵就是变化，宇宙在每分每秒地运转，世间的一切没有绝对静止的存在，都在运动变化中，这便是变易的真理所在。每一个事物或现象由于自身的能量消长，都会经历产生、发展、鼎盛、衰落、灭亡的过程，并且当一个事物或现象灭亡终结后，就会有另一个事物现象随之产生、发展、鼎盛、衰落、灭亡，由此生生不息，循环不止。

变易是《易经》中最普遍的原则，阐述宇宙万物的本质状态。《系辞》中讲："日往则月来，月往则日来，日月相推而明生焉；寒来则暑往，暑往则寒来，寒暑相推而岁成焉。"

自然界任何事物都在不断变化着，我们现在用的手机很快就会更换掉，驾驶的汽车几年后就换新的了，现在看到的漂亮的大厦，也会变旧，最终倒塌。人也会从朝气蓬勃的青少年走向老年，总有一天健康会出现问题，身体的某个器官会出现病症，所以，对疾病的预防是多么重要，中医是治未病的最佳选择，学习中医对于每个人不应该是爱好，而是对自己负责的义务。懂了变易，就知道今天风光，不代表以后还会依然。变化是根本，只是快慢不同而已。大家能想象：曾经通讯领域的巨无霸——摩托罗拉公司已经不复存在。

无论是人还是企业，乃至社会都被变易这只无形的手掌控，《易经》就是让你认识到，并利用模型去捕捉到它的脚步。

简易

简易是讲世间万物，不论运动的过程多繁杂，变化的结果多深奥，蕴含在其核心的根本道理都是有规律可循的，即能量的规律和法则。我们了解和透析能量的本质特性，就可以容易地掌握宇宙自然万物的运动变化规律，从而指导我们的生活。

简易原则是《易经》中最深刻的原则，是要我们抓住事物复杂表象下的简单规律。《系辞》讲："乾以易知，坤以简能。易则易知，简则易从。"这是大道至简的体现。

无论多么复杂的事物，其核心都是简单的。《易经》教大家学会把复杂的问题简单化，这就要懂得找到问题的核心。复杂变简单是一种能力，无论是领导、家长，还是教师都应掌握，这样才能带好员工，养好子女，尤其是教师承担了教育好下一代的责任，更应如此。

教师有四种层次：深入浅出，深入深出，浅入浅出，浅入深出。深入浅出，就是把复杂问题简单化，掌握了简易的原则，让学生学起来轻松，有兴趣，这是很高的水平；深入深出，就是有多复杂讲多复杂，条理清楚但不会简化；浅入浅出，是有多简单也能简单表达，这也不错，至少是清楚的；最值得警惕的是浅入深出，是把简单问题复杂化，只能让学生雾里看花，原因是教师没有抓住问题的核心。可见，简易有多么重要。

不易

不易的原则，一方面概括了变易的本质，“世间万事万物的变化”这件事是永远不变的准则；另一方面宇宙自然间的万物在其能量运动变化中蕴藏着永恒不变的规律。所以，对能量来说，变中自有不变，动中自有其静，变与不变，动与静，都是相对的概念。

不易原则是《易经》中最显著的原则，揭示宇宙万物虽然表面上有千差万别，但是其本质会有相一致的道理和规律。正如《系辞》中的：“天尊地卑，乾坤定矣，卑高已陈，贵贱位矣，动静有常，刚柔断矣”；“天下同归而殊途，一致而百虑”。

这就是“世界上唯一不变的就是永远的变”的出处。自然界无论怎么变化，其变化的规则是不变的。万物都有阴阳双重性是不变的，证券市场的涨跌互现是永远不变的，世界上不存在只涨不跌，或只跌不涨的市场。否极泰来也是不变的法则，了解了这些我们就会在低谷时淡然处之，在高峰时谦和以对。

掌握了《易经》的道中的三个法则，就会明白各种现象都会受到这三个法则的影响。我们就能更接近自然，让生命变得透彻。

《易经》的法

《易经》的法就是《易经》的理论模型。通过模型的运用，发现自然界中不同事物蕴藏的规律，进而形成基于《易经》的思维模式。

北宋五子之首周敦颐，是宋明理学真正的创始人，著有《太极图说》。周敦颐仿照伏羲所画八卦、孔子在《易传》中的描述，以及道家的秘本创制了宇宙生成图。

宇宙生成圖

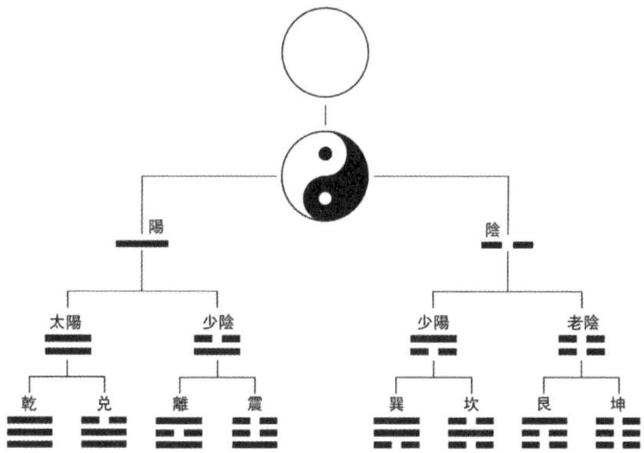

《太极图说》中讲：“无极而太极。太极动而生阳，动极而静，静而生阴，静极复动。一动一静，互为其根。分阴分阳，两仪立焉。”

但是同《易传》的描述有差异。孔子的原图讲的就是太极生两仪，两仪生四象，四象生八卦，八卦定吉凶。真正的宇宙衍生图是上图这样的，因为它，产生了《易经》的理论模型。同时，早在4000年前，就出现了同霍金的宇宙大爆炸论有异曲同工之妙的理论模型。这也是以能量的角度（炁）表达自然的运化过程。

无极生太极

宇宙原来的状态就是一片混沌，任何实体都没有，连粒子也不存在，这个状态叫无极，在后来佛家描述为空。无极在能量相互作用下衍生出了一个高能量的点，称为“太极”，这个时候就产生了能量超强的微粒子，这就演化出了“无极生太极”。

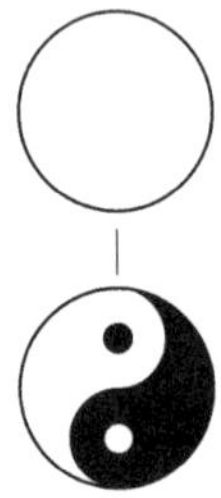

無極生太極

太极生两仪

这个高能量点不断地聚合能量，当能量超出了承受范围后，发生了巨大的裂变，就产生了两种类型的能量，一种阳性能量，一种阴性能量，阳性能量就用“—”表示，阴性能量就用“- -”表示，这就是所谓的“太极生两仪”。

太極生兩儀

两仪生四象

太极演化出来的一阳又生一阳，这个阳很强，叫老阳（太阳）；一阳又生出来的一阴，这是阳中生出来的阴，比较弱，叫少阴。太极演化出来的一阴再生一阳，就叫少阳；一阴又生一阴，就叫老阴。这就是所谓的“两仪生四象”。

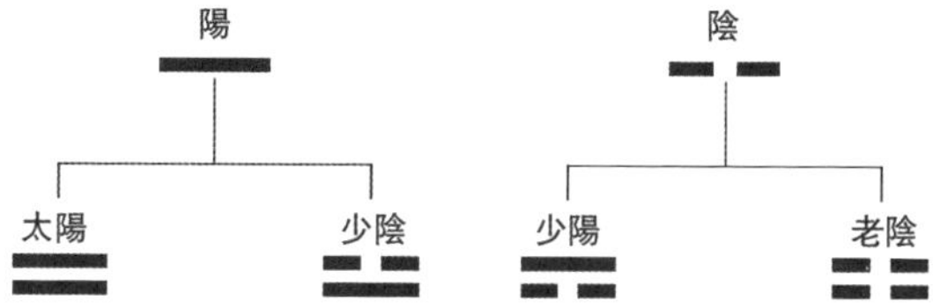

兩儀生四象

四象生八卦

四象再往下一级演化，老阳生出一个阳，就是乾卦；老阳生出一个阴，就是兑卦；少阴生出一个阳，就是离卦；少阴生出一个阴，就是震卦；少阳生出一个阳，就是巽卦；少阳再生出一个阴，就是坎卦；老阴生出一个阳，就是艮卦；老阴又生出一个阴，就是坤卦。至此就生成了八卦，就是所谓的“四象生八卦”。

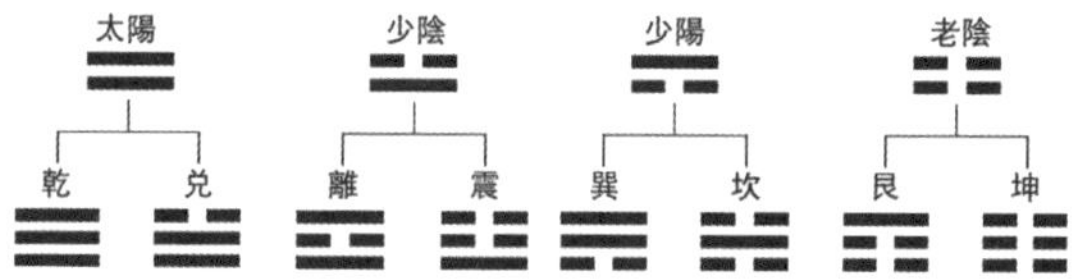

四象生八卦

太极

太极作为理论模型就是代表着事物的本质和核心，就是那个“高能质点”。

太极

比如：太极拳，平常人们会以为它是修身健体的保健养生的运动，而实际上，太极拳是专门用来技击、对抗的攻击术。其核心就是要找到对方的致命弱点（太极点）采取攻击。还有，李小龙的寸拳，在最短的距离，选取对手的中心点，爆发性打击，会直接制敌。

我们观察一家企业，就观察它的领导者，领导者什么样，这个企业就什么样。领导者喜欢国学，企业也会有国学的氛围。领导者强势，这个企业对外也比较强势。因为，领导者是企业的太极，太极一动，相关全动。

阴阳

阴阳是万事万物具有的两面性，有阴必有阳，有阳必有阴，这个世界不存在只有阳没有阴，或者只有阴没有阳的事物。

比如：物理学中有作用力，就一定有反作用力；化学里有阳离子，就会有阴离子的对应；电学中有正极，就有负极；生物学里有雌，肯定有雄存在，还有冷血与热血的对等；股市涨跌伴随的就是有阳线与阴线，有利空与利多；医学中，有实症，就有虚症；数学里，有正数，就有负数。阴阳特性贯穿宇宙事物各个方面。

在经济领域，有市场经济存在，国家干预得很少，经济状态由市场来调节，这种特性属阴。也有计划经济存在，经济靠国家按计划控制，这种特性属阳。计划经济有其有条不紊的长处，也有发展缓慢的短处；而市场经济有自由空间大的优点，也有稳定性弱的缺点。大家发现没有，怎么都是两面性。谁会发现这个特性，又能运用阴阳特性，就会占有优势。

在经济领域，目前运用最成功的是中国模式。既有计划的阳又有市场的阴，全都占了。可放可收，可紧可松，这里面有阴阳的和合与制衡，完美体现出太极与阴阳的内涵。

了解了阴阳，自然的奥秘开始被揭开了。

三才

三才模型指的是天、人、地三要素。它也是八卦的上、中、下爻位的对应要素，即上爻对应天，中爻对应人，下爻对应地。因此，三才是考虑我们三维空间中，事物的发生和结果都要有与之对应的时间、空间以及本体才可能存在。三才是要把握天时、地利、人和三个要素，这是任何事成败的关键。

举个例子，现在中国最大的 B2C 网站是京东商城，但是，大家还记得在 20 年前最大的 B2C 网站是谁吗？它就是在当年风靡全中国的 8848。8848 在当年一路绝尘，没有第二名，京东当时还在中关村开电脑修理部。可是现在，8848 消失了，京东成为了电子商务的巨擘。什么原因呢？很遗憾，8848 被三才的天时给耽误了。1999 年，中国互联网兴起才 3 年，虽然蓬勃，但上网人数还是有限，8848 得到了网络政策比较宽松的优惠，在中国有很多网友在使用，既有了地利，也有了人和，就是没有天时，就遗憾地消失了。

而京东在有了组装机的好口碑情况下，在互联网用户爆发的天时下，建立了网站，得到了年轻人的网络红利，中国市场的鼓励，在人和、地利的帮助下，成就了今天的刘强东。

三才的成功就是：知道在适合的时间，找适合的空间，用适合的人，干适合的事。

四象

四象是宇宙中事物在其阴阳特点基础上进行的双重分类，体现出具体化的四种表现形式。具体从阴阳生化过程中，归纳出万物演化的过程状态，同时也展示宇宙在不断演化中能量的不断细化，不断在具体分类。

四季的特性用四象来分就是，春为生，为少阳；夏为长，为老阳；秋为收，为少阴；冬为藏，为老阴。

时间用四象分就是，过去为老阴；现在为少阴；未来为少阳；永远为老阳。

还有中医中非常重要的判病方法——六经辨证，是直接取自四象模型，其中将老阳称为太阳，老阴称为太阴，然后又将四象融合增加了一个厥阴和一个阳明，这是一套展示人体生病由表及里的传经过程，并且十二经络也是根据四象模型命名的，如手少阳三焦经，足太阴脾经等。

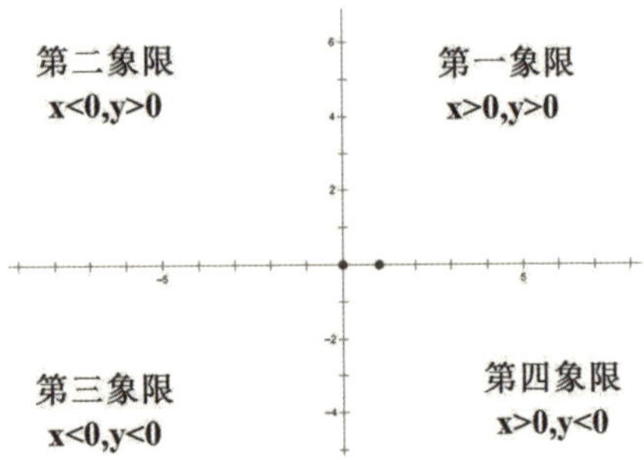

四象限

法国数学家笛卡尔从神学家马林·梅森手里了解到来自中国的八卦衍生图，并激发他以平面直角坐标系的形式来表达四象，后来四象限坐标系成了解析几何非常重要的分析工具。

四象限分析法，被广泛用于经济学、管理学、营销学和心理学等多个领域，帮助人们更细致地分析。比如，在管理领域的SWOT分析法，就是对内外部竞争环境的态势分析，帮助进行决策。S是指企业内部的优势（Strengths），W是指企业内部的劣势（Weaknesses），O是指企业外部环境的机会（Opportunities），T是指企业外部环境的威胁（Threats）。

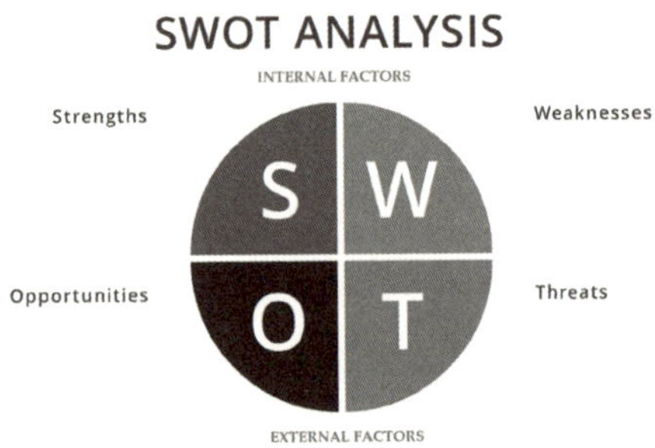

swot 分析法

实际以环境为太极，衍生阴阳，内环境为阳，外环境为阴；在由阴阳衍化四象的过程中，再加一对阴阳因素，优势和劣势，就变成了S（内部优势）的老阳，W（内部劣势）的少阴，O（外部优势）的少阳，T（外部劣势）的老阴。这种模型，在中国用于分析和研究趋势，已经几千年了，在西方近400年才开始。

掌握四象，不仅能够把握事物的具体状态，还可以根据周期状态，发现趋势。

五行

人们通常认为五行是自然界的五大元素，这种看法是不准确的，很容易引起歧义。自然界的构成元素很多，仅地球就超过 92 种化学元素，怎么可能只有 5 种呢？那五行是什么？

五行并非木、火、土、金、水这五种材质或者物质本身，五行是能量状态的五种属性。五行之间的相互作用，就是表示了自然界的事物和现象之间的相生相克的关系。事物之间的相互作用，可以通过五行的相生相克，来找到结果。这是五行最重要的价值。

五行

五行被称作木、火、土、金、水，不代表木就是木头，水就是自来水。这种观点恰恰表明不求甚解的思维特点。木具有生发，扩展的性质，为了形象地表达，古代先贤们就用木表示这种特性了。木、火、土、金、水，只是符号而已，你也可用 ABCDE，没有任何影响，就是反映生克作用就行了。

大家明白了五行是属性，不是元素等具体物质，五行的本质就掌握了。咱们经常说肝属木，讲的是肝脏的属性是木，因为肝具有木的生发功能。不是肝脏就是木头，然后就说中医不科学，这都是不真懂装很懂惹的祸。

五行最现实的应用就是中医理论教学和临床治疗。中医利用阴阳及五行原理，诊断并医治，治愈病患。

例如，现代人很常见的病症：总是失眠，心里烦躁，身体上面热，口渴溃疡，下肢反而凉，这就是心肾不交。因为心属火，肾属水，心火过旺，会让人难以安眠，也让人烦躁不安，又有炎症出现；而肾属水，正常情况肾阴具有水性质的能量是能够制衡心火的，但由于心火的力量过大，肾水的力量就不足，如同杯水车薪。

所以，在五行模型里，水克火，这个病症就是火大，水克制不住，怎么治？加水灭火就行了。中医就是模拟自然治病，学中医以及国学，只要教学方式落地，很容易学会。

治疗这类病，就需要滋养肾阴（水），降心热（火）的本草，目的是达成水克火的结果，从而来平息过多扰神的心火。

体会五行，就可以感受事物属性之间的内在联系。

八卦

八卦是我们生存在自然界的能量模型，与对应的时间、空间以及本体间的密切连接。

《易传》中讲“八卦成列，象在其中矣”，就是讲八卦一出来，我们存在的空间中，万物的现象结构就全在其中了。

八卦彩图

所以，这个世界一切的表象尽在八卦能量状态中。一个卦所显现对应出的象的含义从形象到引申，都有其内在共通的性质，这便是这些物象的本质所在。这是通过类象思维获得的，通过八卦模型会让人看到事物内部的必然联系，而不是单纯靠逻辑推理去判断。

例如，兑卦（☱）上面一个阴爻，下有两个阳爻；阴为软，阳为硬；环境上什么上面软软的，下面越来越硬，就是泽水。兑卦的方位是西方。阳很强，只有一点点阴，兑卦属性是金。兑卦上面有一个缺口，对应到人，人的上部有缺口的地方就是口，引申为说和乐。金块都是割裂的，相互不干扰，引申为自由。

兑卦模型

兑卦（☱）的象：泽，西方，金，说，玩乐，割裂。

震卦（☳）上面两个阴爻，下面一个阳爻；下面的阳，把上面震开，自然界的震动是雷。震卦的方位是东方。阳能从地下往上冲，破土而出，震卦属木。木一直生发，引申为动和努。大树是茂密群生的，相互关联，引申为联系。

震卦模型

震卦（☳）的象：雷，东方，木，动，努力，联系。

大家了解了东西方文化的差异，其实这些差异背后的秘密还藏在八卦能量模型中。东方属震卦☳和西方属兑卦（☱）就存在能量的差异。

中国在世界的东方，东方像大树不断生长一样，人们就善于一直努力的工作；而西方就象在土里金块一样，人们更喜欢自得其乐。东方崇尚森林般的整体，西方喜欢相互无关的个体。东方善做，西方善说。东方重视大树长得越高越大，人们更重视荣誉和地位，西方重视金属的价值，人们更倾向于利益和实惠。中国人倾向整体思维，勤勉，荣誉感强，乐于帮助，吃苦耐劳。东方重宏观，西方重微观。东方重开放，西方重隐私。

这就是类象，人类来源于自然，当然拥有自然的特点。智慧的圣贤用卦象模型，就可以类比出来源于自然的事物背后的机理。学会卦象，才是真正登上了《易经》的殿堂。正如孔子曰：易者，象也……

干支

干支代表了天干和地支。天干反映的是天体中五个星球同地球之间的相互干扰作用，表示天体的纬度。

地支反映的是地球本身的磁场在公转和自转过程中同太阳、月球之间的相互作用，并由此产生的自然现象的相对变化，同时揭示了二十八星宿对地球的影响，地支表示天体的经度。

干支系统是完整的天文学概念，有人经常用它来算“八字”，比如什么甲午年、丁丑月、丙寅日等。其实天干地支不是算命的，而是研究天体之间的变化规律。后来通过天干地支，由天文学家大桡在距今 4717 年前，创造了一个重要的历法，叫干支历。

2019 年是什么年？己亥年，这就是干支纪年。这个纪年，从黄帝执政开始，已经连续记载了79个甲子，到今年是4717年，这就是中华民族的纪年。公元 2019 年，就是中国的中元 4717 年。

干支历中的六十甲子还衍生出了《黄帝内经》中的一种预知自然对人体影响的方法——五运六气 。通过干支历法，结合阴阳五行，就会知道每一年会发生什么样的自然灾害及流行病，不同类型的人会出现哪些特定的经络问题以及可能引发的疾病。

天干地支加五行也创造了中国的古天文学，一提到天文学，大多数人会想到诸如伽利略、哥白尼、张衡这样的人物。但几乎没有人会关注到甘德、石申、郭守敬、万户这些人。而他们都是中国古代有名的天文学家，现在都被大家遗忘了。

甘德是公元前400年的人，他和石申共同发现了800颗恒星，后来三国时期的天文学家陈卓总结历代天文学家共同发现的恒星共有1464颗。其中有121颗现在已经被NASA发现并证实，并且位置极其精确。后人把甘德和石申的天文学著作合编成《甘石星经》，是现存世界上最早的天文学著作。

不仅如此，我们现在说的五大行星也全是他们发现的。他们不但发现了五大行星，还知道金星和火星是逆着走的；还知道十字连星怎么连，哪年会连星；还发现了彗星、超新星、类星体、木卫三。2000多年后，公元1610年，意大利天文学家伽利略用天文望远镜证实了木卫三的存在。

有人会对此有疑问，那时没有望远镜，古人是如何发现的呢？其实，他们通过天干地支加五行之间一套数理模式运算出来，计算以后，以肉眼观测加以印证。古时候的夜空可谓是星光灿烂，晚上站在地表，看整个天体就像是一个球。现在能够看到如同球状天体的地方已经很少了，云南的凤庆目前还能体验到。

中国古代科学和西方科学研究的最大的区别在于，中国人是先有道，后有术，先构建再完善。因此，中国的研究方式很少从实验中出发，主张从道上应用模型研究通透，符合自然规律的就开始创新衍生，而实践的作用就是对理论做一些微调。所以，中国古代式的创新多是根源性的，原发的，这种创新对于现代人是很难的，因为这需要具有抓住本质的能力。

由阴阳和五行还发明了另一个历法，就是农历。农历也称为阴阳合历，农历跟阳历有什么区别？阳历是研究地球跟太阳之间的相互关系，地球绕太阳一周回归年的数值即365.2421天。中国的农历在研究地球和月亮的相互关系的同时，还研究地球和太阳的关系，通过找到它们之间的规律，而产生一年的历法。平时看见月亮满圆，肯定是十五；看见一个小新月，就是初一或者初二，这些规律放之四海而皆准。同时阴历也与女性的生理周期对应，非常精确。

扫码听作者讲中华纪年的故事

《易经》的术

懂了《易经》的道和法以后，《易经》的术就能应用在很多方面了。

世界上发生的事都是在时间与空间共同的作用下，才具有特定的意义，因此时空成为了我们存在的量度。无论事物的相互作用还是事物之间的变化生成都由时空来体现。而《易经》的术就是能让我们把握时空与自己之间的重要关系，而指导我们应该做什么，适合做什么。

天时

《易经》中的天时为宇宙规律的时间概念。中国的先贤早在5000年前根据天文学的研究，总结出星体的运转规律，从而也发现自然规律。

大天文学家甘德通过观察岁星及各个星体的运转，提出了12年为周期下的治、乱、丰、欠、水、旱等预报方法。

长久以来，以伏羲为始的古代智者，通过运用《易经》模型（法），用不同的方式（术）将隐藏在时间下的规律及能量作用破译出来，并用易经模型直观展现出来，从而指导人们在不同天时作用下，从事适合的活动。

早在4700年前，古代先贤就通过河图和洛书，发现了不同周期中天体的相互作用对地球的影响不同，进而运用能量模型，研究在特定时间周期中的规律作用。

比如，中元4717年（2019年）的这个周期，在天体作用下太阳辐射强度变化增大，导致在自然领域，大风的概率不断增加，因而出现了美国、古巴等地的极端风力变化；而水星凌日，又会对山体稳定性产生影响；同时，因控制性作用的影响，在科学研究中，生物学免疫作用研究积极发展的机率增多，以及对物理方面弦理论的突破进展会得到推进。

不同的气候变化，也会影响到人们的心理变化，进而对市场行为产生作用。由于人们谨慎意识加强，节能环保、财险以及养老方面的产业领域具有较为正向的发展趋势。而在企业领域关于内部机制新老交替的情况发生几率较往年增加，企业与企业的合作与联盟中存在一些关于诚信理念的挑战。实干型企业获得正向发展机率大，“自食其力”也逐渐成为企业箴言。企业内部监督被格外重视，企业自身意识到对于组织内部一些矛盾分化要进行合理改善并遵循稳妥原则。寻求稳定性的心理需求，也让“信”成为社会最具关注的价值观。

预则立，不预则废。《易经》提供了洞察趋势的相应可能，发现并把握天时对自然的影响，就更容易让人类体会孔子的“自天佑之，吉无不利”的价值所在。

地利

《易经》的地利为宇宙规律的空间概念。应用《易经》的模型，总结出多种优化空间的手段，将人们所处的原始空间形态调整为与自然规律相适应的能量状态，即是根据《易经》模型将地理空间整合划分，使人们所处的环境和谐调达，从而塑造人与自然环境的平衡，促进人们积极的状态，避免消极状态产生。

例如唐朝统治者根据《易经》乾卦模型的六个爻将长安城（今西安）划分了不同的功能并设置建筑。

长安城，地势敞阔平远，有东西走向的六条土岗横贯，如果从空中俯视长安城，就能看出地面形状很像《易经》中卦的六个爻，由低到高，依次是初爻、二爻、三爻、四爻、五爻、上爻。又因为六条土岗为连续的实体，而中间没有间断，这又对应了《易经》当中的阳爻形状。所以这六条土岗便自然形成了《易经》当中的乾卦模型。

长安城由低到高的第一个区域，并未设置宫殿，而是设置了游玩的苑囿，对应了乾卦初爻。长安城的第二个区域，设置的是王室宫殿，对应了乾卦二爻。长安城的第三个区域设置的是政府机关，对应的是乾卦三爻。长安城第四个区域为里坊、要职人员的住所，对应了乾卦的四爻。长安城的第五个区域多为道观寺庙，与乾卦五爻的状态相匹配。最后的第六个区域为

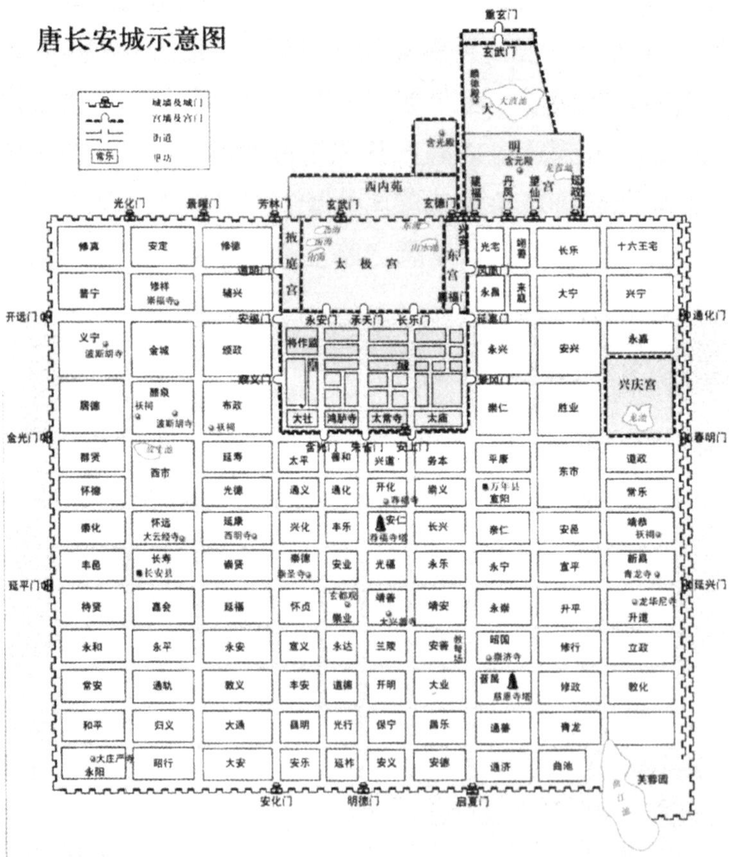

唐代长安地图

民众的居所，对应了乾卦六爻。

长安城的最重要宫殿名为太极殿，用来举行重要特殊的祭祀仪式。而皇帝的寝室为两仪殿，这也是按照《易经》中太极生两仪的规律所设置的。

长安城共有二十五条大街，对应的是《易经》中阳数之和。其中以朱雀大街为界将城区分为东西两市，东西市各应有五十五坊，取自《易经》中天地之数五十有五。但由于景区占据了东市两坊的位置，所以全城一共分为两市一百零八坊 。南北排列十三坊，象征着一年的十三个月；皇城以南，东西各四坊，与《易经》的四象对应；皇城以南，南北九坊，象征着《周礼》一书中所记载的“五城九逵”。

人和

为什么不同的人天生会对不同的知识具有特别的敏感度？为什么一个家庭里的孩子同父母会有完全不同的性格特点？

有人做事认真，恪守常规；有人则处事灵活，善于融通；有人善于深入钻研，慢条斯理；而有人则行事雷厉风行，迅速高效。如果能了解每个人与众不同的天性，就能在最适合的领域发挥自己的天赋特质。怎样能发现自己的天赋，并在自己适合的领域发展，这才是素质教育关注的方向。

通过《易经》的模型就可以研究出关于人的行维属性的心理分析工具。这个行维指的是行为与思维，通过分析找到人自身所具备的自然属性，从而就能破译出这个人的行为方式和思维特质。与之对应的就能了解这个人的能力擅长，从而让人能够在生活、学业、事业等抉择中找到与自身行维特质、能力擅长最契合的方向和领域。

选择比努力更重要，如同南辕北辙的故事，当你的选择错了，你越努力只会让你离成功越来越远。只有了解自己擅长的天赋，才会让你的人生选择变得不迷茫，更不会成为赌注。只有掌握了自己的行维密码，才能够让我们根据自己的天性，选择适合自己的人生道路。

比如理查德·布兰森，他是英国最大私营公司维珍集团的创始人。他的行维密码是离卦模型，他的天性就容易注意力不集中，但创意新颖。

他从小因为有阅读障碍症（实际是注意力分散的原因），在上学的时候，就成为笨学生，遭到所有老师和同学的孤立，但是他的家人以及他自己都知道他的天赋所在，所以一致认为寻找最擅长的事情比讨好老师更加有意义。于是，理查德·布兰森抓住了自己擅长发散思维的特质，充分发挥自己想象力丰富、善于抓机会、具有超强说服力的特点。在行为方式上，他就不断开发他人不太关注的领域，规避自己不善于持久的弱点，并用自我的真诚感动伙伴来帮助他的事业，缔造了从出版、唱片、航空到移动等多领域的成功，他的事业也因此不断由一个顶峰迈向又一个更高的顶峰。

所以，人生价值从来不是以补短板来实现的，而是如何让自己的天赋得到最大限度的发挥。而人和的本质就在于让我们找到自己的天赋并以此为人生的抉择指导。

第三章

国学汁液

汉字，中华文明流动的血液

第一节　中华文明的界定

关于文明的界定，在目前的历史学术研究界以及考古学界各有标准。中华人民共和国成立以来，人们普遍拿西方给出的关于文明的标准来解读：要有文字、城市、祭祀制度。后来有学者又提出要有冶金技术、有阶级和国家等条件，达成了这些才算构成文明。

而大众普遍认知的文明，就是对人类所建立的物质文明和精神文明的统称。因为文字是记载和传播文明的方式和途径，所以学术界通常也将文字的出现作为人类文明进化的开端。不过，以上对文明的界定均是针对英语“civilization（文明）”的界定，中华民族本身就拥有自己独特的语言与文字系统，更创造了一个词——“文明”。

在本书开篇，清楚展现中国的“文化”一词的真正出处来自《周易》中山火贲卦的《彖传》：“刚柔交错，天文也。文明以止，人文也。观乎天文，以察时变；观乎人文，以化成天下。”

这里面不仅在讲“文化”，也出现了“文明”一词。第一章大家了解了文化，即“人文化成”，是一种人与自然互动的产物和结果，这些产物和结果可以是陶器制造，可以是农耕技术，也包含祭祀制度的产生、王权的出现等。而文明就是以“文”来记录、传播、展现、表达这些人文化成的过程。

“文”非常有讲究，汉语中的文与字对应着不同的汉字内涵，只是后人已经淡化了这些重要概念。其实，文是文，字是字，许慎《说文解字》中讲“依类象形谓之文，形声相益谓之字”。“文”是对观察对象进行象形、指示、会意的表达，“字”是对观察对象进行形声、转注、假借的表达。

文会比字先出现，无论是人文还是天文，最初是通过象形、指示、会意的形式在记录、表现、展示人与天地之间的各种信息、关系及内容。我们会发现在中国上古诸多遗址出土文物上留有的图腾、纹饰、符号并不是简单的装饰或者随意画的，里面实际蕴藏着重要的事物现象与内容。

“文明”在《尚书·舜典》也出现过：“经天纬地曰文，照临四方曰明。”文明是彰显人文化成的进展过程，正是人类通过自己的思想意识不断把握人与自然的相互关系，不断深化对自然的认识和理解，并且为自身发展所用，创造出不同的物质、精神文化产物。这与西方定义的文明标准不同，是中华民族对自己创造出的文明的界定。

2019 年 8 月，浙江义乌的桥头遗址出现了考古重大突破，发现了上山文化第一座完整的墓葬。墓葬内除了一具保存完整的人骨，还有大量精美的陶制器物，重点是在这些陶制器物上竟然发现了易经卦形的纹饰。这具完整的男人骨架，1.73 米，侧身屈肢，怀里“抱”着一只红衣彩陶，尸体

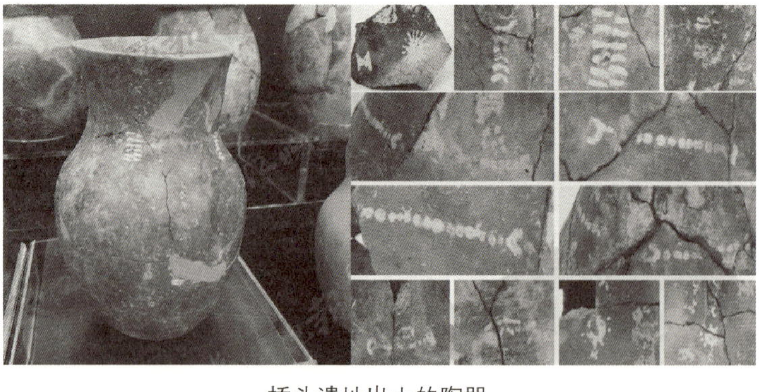

桥头遗址出土的陶器

目前的测年结果是距今8000多年，而瓷器则是9000多年。桥头遗址是迄今所知东亚大陆最早最完整的环壕聚落，属于新石器时代早期的重要遗址，属于上山文化的一部分。据考古学者研究，上山文化属于跨湖桥文化的重要源头，是比河姆渡文化早2000多年的文化时代。

这一次的挖掘还发现了大量的房子痕迹，中间人工环壕包围住的一块高土台是村落中心，是带有公共功能的区域，可以推测是部落社会公共活动的地方。中心土台里，发现了十多个器物坑，坑里布满了大量彩陶，分乳白彩和红彩两种，精美绝伦，9000多年前浙江人的陶器技术已非常高超了。彩绘陶器上反复出现了很多由乳白色凸起的“白点点”组成的不同长短的图案，还有一个由六杠“白条纹”组成的图形。这些由点点组成的图案展示了《易经》的河图、洛书的信息；而白条纹组成的图形则是《易经》中的六爻卦。

在此前考古发现过的伏羲八卦都以原始八卦图文为主，是变形的卦和太极图，其中记录的是八卦太阳历的内容，还都需要考古学者进行破译和转化，如在大汶口文化、崧泽文化、良渚文化、大溪文化、龙山文化遗址中均有发现，时间距今6500年至4000年。但是，桥头遗址此次发现的伏羲卦的图文则不同于以往的原始八卦图文，桥头遗址中的纹饰则是直接以阴、阳爻的形式出现，与流传至今的八卦乃至六十四卦完全一致。这一点也验证了伏羲氏族时期就已存在六十四卦，之前易学界普遍来讲是以伏羲画八卦、周文王演绎六十四卦的年代顺序来介绍《易经》系统的演化，而这一次的发现向世人昭示，六十四卦的存在已经能够上溯到9000年前，中华文明的开端能够追溯到至少9000年前，这一点更加令中华民族惊叹和自豪！

伏羲氏族创制的“卦”根本不是西方人所说的单纯符号，是世界最初的“文”。这一切都是源于西方研究者对中华古文化没有真正的了解，究其因是在我国深入探究《易经》，尤其基于文化和考古领域的研究者甚少。

即使有不少来自大众的创见，也没有话语权来展现。

“卦”所描绘的事物同时具有能量状态上的意义，也远远超越一般文字的含义。考古学家一般把研究重点放在遗址建筑格局、功用和器物的技艺上，但往往忽略刻在这些器物之上的卦和纹饰（文）所揭示的信息内涵，而这些却是打开通往上古时代人类文明发展秘密的重要大门。

第二节　《易经》是汉字造字的根源

《易经》是中国文化之根，而汉字则是使中华文明得以存续至今的流动血液，如果国学树没有汉字，就如同截断了大树全身的汁液营养，无法保留和记录中华文化的思想内涵以及精神财富。中国汉字的造字，蕴含的意义是千变万化的。

汉字最早的雏形恰恰是源自伏羲氏族所创立的卦爻。《尚书·序》中讲："古者伏羲氏之王天下也，始画八卦，造书契，以代结绳之政，由是文籍生焉。"伏羲氏族创造的八卦，将其刻在木片之上，替代结绳记事，作为"文"使用，成为华夏民族最早的一种展示、承载信息的形式。

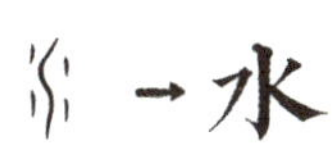
甲骨文

如汉字中的"水"字，外阴内阳，外柔内刚，在《易经》中为坎卦☵，外面是两阴爻，中间是一阳爻，所以甲骨文中的"水"字就是竖着放置的坎卦。

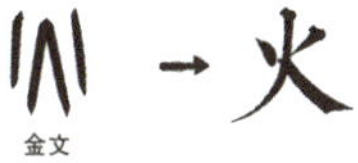
金文

同样再看"火"字，外热内冷，外阳内阴，在《易经》中为离卦☲，外面两阳爻，中间一阴爻，"火"字的甲骨文中间这个尖尖就是阴阳合并为阴爻，外面再包着阳爻。

"水"和"火"这两个字的原始写法正是变形的卦象，卦作为世界最早的"文"，是后来汉字造字的模型，是中国汉字最原始的基因。后来，中国汉字逐渐发展，偏旁部首取自“文”，是具象的字根，再配以声与音的字符，终产生了成熟的文字，以形为主，兼具音与义。

那么文字是谁造的呢？仓颉。仓颉是上古时期的一位部落的首领，公元前4637年，在阳武（今河南原阳地区）建都，自立为帝，号仓帝。在《河图玉版》里头曾这样写道：“仓颉为帝南巡，蹬阳虚之山，临于元扈洛汭之水。灵龟负书，丹甲青文以授之。”

“阳虚之山”是什么样的山？这山肯定是坐北面南，北面特高，南面这块低，而且这山一定是被水环绕的，这就叫作“阳虚之山”。“灵龟负书”的书就是《洛书》，文字是从这里来的。

那么文字是怎么造的呢？最早记载文字造法“六书”的是《周礼·地官》，《周礼》是世界上最早的把社会法律和道德伦理规范结合在一起论述的行政管理著作，对当时社会生活中人们要遵守的基本制度、道德准则，以及国家官制设置规范有详细记载。

西汉的刘歆编撰了《七略》，《七略》是中国第一本目录学著作，刘歆在《七略》里面讲过这么一句话：“古者八岁入小学，故周官保氏掌养国子，教之六书，谓象形、象事、象意、象声、转注、假借，造字之本也。”

此句释义：在周朝，七八岁孩童进入小学，首先要学的就是六书形式的造字系统。“六书”是中国汉字的基本造字形式。古人在孩童期需要完成六书的学习，从中掌握汉字的六种造字形式，进而深化学业。并且古人的造字均以“象”为基础，无论是形、事、意、声都从“象”与之对应，这便直接体现了“卦爻”与汉字之间的直接关系，了解不同的卦爻在每个汉字中所对应的“象”，便能把握这个汉字的核心意思。

后来东汉的经学家许慎受刘歆启示，用31年时间整理出了《说文解字》，这其中还吸收了李斯、扬雄、郑玄、荀爽和班固的一些理论内容。《说文解字》

是中国语言学史上第一部分析字形、辨识声读和解说字义的字典。

《说文解字》对六书的解释是这样的：

“一曰指事，指事者，视而可识，察而见意，上下是也；二曰象形，象形者，画成其物，随体诘诎，日月是也；三曰形声，形声者，以事为名，取譬相成，江河是也；四曰会意，会意者，比类合谊，以见指伪，武信是也；五曰转注，转注者，建类一首，同意相受，考老是也；六曰假借，假借者，本无其字，依声托事，令长是也。”

象形是指纯粹利用图文来作为文字使用的造字形式，这些文字与所代表的事物，表层是形象上的相像，深层的是能量形式。如丹，羊，山。象形字作为基础，能够衍生出其他的造字形式。

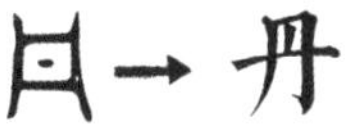
甲骨文

丹，像个采丹井，中间一个点代表朱砂，是一种矿物质。

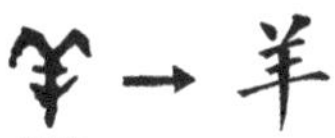
甲骨文

羊，像个羊头立着。

甲骨文

山，像个重叠山峦。

象事（指事）就是重在用抽象符号进行提示，是在象形字的基础上加表意的标志。如才，末，旦。

甲骨文

才，抓住东西的能力。

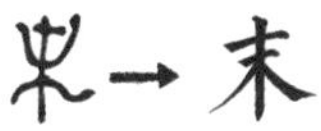
甲骨文

末，树木长到头了。

甲骨文

旦，太阳从地面升起。

象意（会意）是由两个或两个以上的形体组合而成的，组合方式多样，交叉错综，通过组合形式能够表达更多的文字含义和信息。如鸣，明，尖。

鸣，小鸟张开了嘴，是鸟叫声。

明，太阳和月亮碰在了一起，表达出光很亮，光照范围大。

尖，上面小，下面大，这样构成了一个形状特质。

象声（形声）是在象形字、指事字、会意字的基础上形成的，由两个文或字复合成体，由表示意义的意符（形旁）和表示声音类别的声符（声旁）组合而成。

功，从工的音，达到用力的程度。

爸，从八的音，达到父亲的位置。

贷，从代的音，达到出钱的目的。

转注是一种用字法，是同义字之间的互用，反映了不同地方发音不同，由于地域的隔阂，同样的事物也会存在不同的称呼。如考与老，至与到。

假借是指原本没这个字，利用谐音原则，按照读音借用一个字，也是用字的方法。如汤与荡，来与麦。

许慎对六书的内容作了更加具体通俗的分析解释，并将象事、象意、象声变换了另外一种通俗说法，这一点上却让后人忽略了“象”在汉字中的核心意义，这一点最重要，因为中国的汉字以形态反应哲学内涵为主，形态其实就是象，汉字通过象表达哲学内涵。

古人根据事物的本质、属性、特征、状态、相互关系进行依类象形、会意，早期的图文也容易让人们见其形便知其意。汉字里能找出非常多的具有象形、象意、象物的文字，其核心内涵均与卦象密切关联。

秘辛：刘歆、扬雄、班固、荀爽、郑玄皆为大易学家

刘歆，西汉天文家、数学家、古文经学开创者，刘歆少年时就学习《诗》《书》，后又深研《易经》，他著了世界上最早的天文历——《三统历谱》，还编订《山海经》，所著《七略》就以《周易》为群经之首。

扬雄，西汉易学名家，博览群书，模仿《易经》作《太玄》，并在构筑宇宙生成图式、探索事物发展规律时，以玄为中心思想，是汉朝道家思想发展者， 对后世意义重大。

班固，东汉著名史学家、文学家。班固出身儒学世家，班固九岁即能属文，诵诗赋，十六岁入太学，博览群书，儒家经典及历史无不精通。著有《汉书》《白虎通义》，整理《易经》的思想收入其著作中。

荀爽，荀子后人，东汉著名儒学家、经学大师，对《诗》《书》《礼》《易》《春秋》皆有研究，尤深谙《易经》，运用卦气说解释《周易》。

郑玄，东汉易学大家，著有《易论》《易赞》《周易乾凿度》等多部易学专著，还是汉代经学的集大成者，世称“郑学”。

许慎，比荀爽、郑玄时期稍早，比他们都大。许慎进入小学学六书。后开始广泛学习经籍，研读《诗》《书》《礼》《易》《春秋》及诸子百家著作。经学大师马融十分推崇敬重他，当时的人都说：“在五经（《周易》《尚书》《诗经》《礼记》《春秋》）的研究上没有人能超过许慎。”

大家发现，这些对汉字进行发展和解构的学者都是大易学家，因为没有《易经》的理论基础，不可能从根本上掌握汉字的基因。

第三节　破译正体汉字的构造密码

造字哲学

正体字的造字之本就是合理。这个合理不是我们平常所理解的合乎逻辑，或者合适差不离。逻辑虽然严谨，但不一定符合规律。比如，经济学很多推理都符合逻辑，但多数都与现实背道而驰。合理是指符合天理，就是符合宇宙自然的规律，按照总结的理论去造正体字，而不能随意地堆砌。这些符合规律的字在将来还能不断地衍生和扩展。

正体造字结构中就能够同时具有时序性与空间性，能够全面表述出事物的特征和本质内涵。每个汉字都展示了中国人看待世界和理解世界的系统思维方式。如果明白了中国汉字造字中不同结构间的相互关系，那么就会自然地了解每个汉字里所蕴含的本质意思。掌握了本意以后，这个字所代表的哲学机理，也就全明白了。

比如 “炎”字，从它的字形就可以看出是上火了，上下都是火。这个字形首先就体现出了它的空间特征，结构既是直观的上下位置，同时表达内与外的空间布局，所以“炎”这个字要表达的就是上下都有热，里外都有热。从物理学的角度来看，大多数的身体炎症都是体内发热，表现出的也是有多余热量、发炎的症状，所以应该先祛除体内的热。

再比如“陰”字，左边这个“阝”，现在叫“耳刀”，是个偏旁，其实在古代是个字，音同“阜”，是指凸出的、高出的部分，也指山地。站在山旁一看，有云遮住了太阳，就是“陰”。那么什么叫“陽”，马上琢磨一下也能清楚了。在山旁边一看，一个大太阳照耀着大地，没有任何遮挡，那就是阳光灿烂的“陽”。

人人都有五脏六腑，那 “臟”和“腑”的区别是什么呢？在肉里头藏着的叫“臟”，“臟”都是本身具有细密质地的器官，什么精华都藏在里面。“腑”是一个空间，如同一间屋子，可以承载许多东西。比如胃，是往里面装食物的空间，这就叫“腑”；到了脾，那就什么都装不进去，它本身已经质地细密了，里头藏的全是精华就叫“臟”。“腑”就是腔子，“臟”就是腔子里头最质密精微的让“腑”为它带来各种资源使它运化的部件。

任何文化，重要载体都是它的文字。作为中国文化的载体，正体汉字的造字哲学将中国文化与世界其他民族的文化明显地区分开来。中国的汉字以形、音、义三者结合达到造字中蕴含的哲学性，造字以基本的六书以及核心内涵的易理模型形成一套世界独特的文字系统。现在流行的西方文字是以字母的线性搭配来表达事物的概念、状态和功能。其多数以词语的形式体现。

比如“油”这个字，表达是含有不同种物质的液态流体。油的结构里左边三点水就有坎卦模型，显示是液态；右边“由”是源于某种事物的意思，结构为突出田边之外，表示不稳定，滑动。 精妙显示“油”的内涵。而油本身既是字，又是词。

和油有关的词汇，汽油、柴油、石油，这些字词的思维是先抓住事物的本质核心：首先它是油，接着才用字区分不同种类的油。这种衍生是依据太极思维，先从事物本质出发，然后表示特点，这种造词非常具有规律性。

在教育中，无形中就培养了注重核心的思维方式。如果汉字学习恢复为这种正统教育模式，年轻人的价值观就更容易注重大局，而不会盲目。再如电脑，首先是脑，具有运转和思考、计算的能力，为体；其次是电，是通过电能运转工作，为用。再如动物，物为体，动为用。

再看看英文怎么表达这几个词，gasoline（汽油），diesel（柴油）oil（石油），这几个单词没有任何联系，是字母拼接形成的造词，对思维的影响更为碎片化。从英文对西方文化的影响，体现了西方人更重视个人主义的倾向。

再如我们的五脏，肝脏、心脏、脾脏、肺脏、肾脏。先抓住本质，首先是人体的脏器，剩下才是不同功用。而英文中，liver（肝），heart（心），spleen（脾），lung（肺），kidney（肾），这几个词之间完全没有内在联系和逻辑。

通过这些例子就可以分辨出中文与英文之间的差别，汉字是极具归纳和概括性的，其中智慧不言而喻。

造字模式

我们首次为大家呈现正体汉字造字密码的破译：大家了解《易经》的模型是太极、阴阳、三才、四象、五行、八卦，造字是与之完全对应的一套创造模式。其中偏旁合体之间的结构关系都隐含了易经模型的应用。

太极

首先，依照太极造字，太极直接指向事物的核心和本质，所以独体字就是太极的指向，不可拆分，混合在一起形成一个直接概念，如：日、月、木、火、土、山、中、我。这些都是独体结构的汉字，它的本质内涵一般不可分割，是独立的单纯的一个表达含义。

阴阳

其次按阴阳造字，汉字大部分结构都是左右、上下、内外，实际上正是阴阳的结构，字里的内涵体现的是事物的阴阳性。

有形旁部首也有音符声旁，形与音相合，阴阳兼具。只是这些阴阳性里又分成上下、左右和内外不同的空间组合。上下结构多强调的是空间方位上的作用，其中代表宇宙天体作用的表达多见，是强调自然空间影响而成的关联属性。

上下结构里，比如“旱”字，“日”，太阳在上面晒着，“干”，下

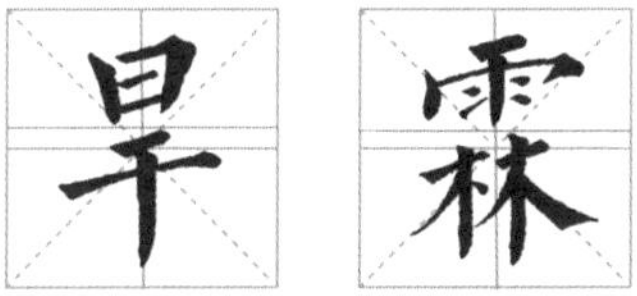

头地面都晒干了，土地受到了干扰和妨碍，久晴无雨，就是旱；再如“霖”字，上面是“雨”，天上的雨在下，“林”，把树林都浇湿了，说明雨量多而久，就是“霖”的意思。

左右结构多指一些同类、并列、平行的事物关系，如“畔”字，田分成两半，就是田地的边界；再如“峪”字，有山就有谷，就是完整的山系。

内外结构更多的是指整体和部分的关系，比如“固”字就是内外结构，

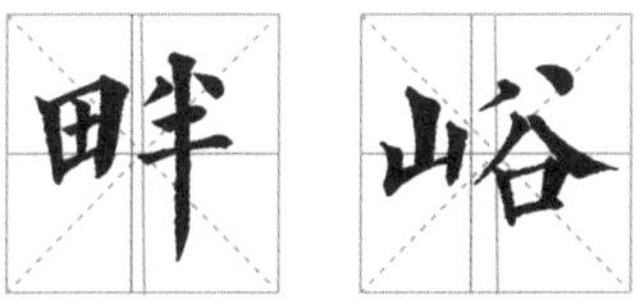

全包围反映的是封闭性，所以这个字一出来就把它要表达的意思在思维上固定下来了；还有“孕”字，也是内外的关系，但是没有完全包围，是妇人肚子里有一个孩子，胎儿与母亲之间是一种从属关系，但孩子不会一直在母亲肚子里，因此不会用全封闭结构。

三才

按天、人、地的结构造字，“三才”是《易经》中重要的表达宇宙系统的模型。

“合”字就是上、中、下的结构，是应对天、人、地合一的意思。

“辨”字就是左中右的结构，辨需要对环境进行审时度势，有时间、空间与人的相互作用，这是辨的核心。

它们的造字涵义里都隐含着时空与事物、人之间的作用关系。

四象

按四象结构造字就是在以上各种结构里再衍生出新的结构。“能”字就是标准的四象结构；还有“鼓”字，《周礼》有：“鼍鼓八面，灵鼓六面，路鼓四面”，鼓在声韵上蕴含诸多起承转合的阴阳变化，用四象来比应，也是取了其功能特性。

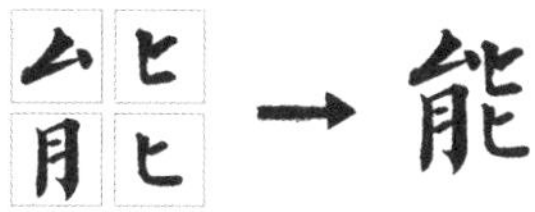

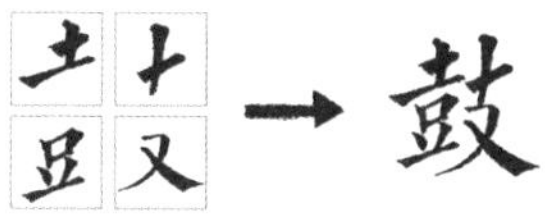

五行

五行造字，主要是在文字构造中带有五行属性的偏旁，其字本身的意义中就蕴含了其对应五行特点。如“鑫”字，这个字里有三个金，是属于五行里金性质的字。如“江”“河”，三点水，和水有关，就是五行里具有水性质的字。

八卦

八卦造字，是这个字想要表达的信息或意义是来自不同卦所对应的卦象的，其内在核心就含有对应卦的能量属性。

小篆

比如说“波”就是坎卦意义的字，波浪是水的一种表达，坎为水，现实中波浪的特征和坎卦的卦形清晰对应。

甲骨文

又如“想”字，核心是离卦，由离卦衍生出的“想”字就是一个“相”和一个“心”。“相”是指通过眼睛直观看到的事物，这些“相”都是你表面看见的，不一定是真的实质。而“心”是承载自己本真的载体，离卦的卦象有心，器质的心脏内部是腔室，否则就没有场所进行血液的出入交换，这是离卦的内涵，中虚为中空，“想”就是指心里所想的东西。

所以，整个中国造字的核心密码都来自《易经》的太极思维，中国文化为什么能够历久弥新留存至今？除了智慧的文明成果的传承以外，关键就是我们保留了汉字，准确地说是正体字，大家在使用的过程中潜移默化就受到太极思维的影响，这也是中华民族生生不息的原因。汉字如同中华文化流动的血液，作为思维的载体，也是记录文明的方式，跨越了时空而留存于世，影响了中国产生的所有哲学和宗教的发展。

第四章

国学树干

儒道释，中华文化的基础哲学

国学树在精深的树根之滋养下生长出硕壮的树干，这棵历经千年的古树上，它的三根主干则撑起了中国古代历朝历代丰富多彩的人文生活，并得以互补性的发展。这三根主干环抱于一起，有些部位相互独立而有些部分又相互交织，彼此影响。国学树的三根主干正是支撑古代中华文化最重要的三家思想，分别是儒、道、释。

扫码听作者讲
儒道释的故事

第一节　儒家，教你成为对社会有用的人

《易经》在儒家

《易经》与儒家创始人的关系

儒家创始人孔子，深受《周礼》的影响，在其《论语》中多次对周文王和周公赞颂。

儒家创始人孔子画像

《论语·述而篇》中记载："加我数年，五十以学《易》，可以无大过矣。"孔子讲：我五十几岁以后才开始学习《易经》，如果能够让我多活一些年，就不会有太多大起大落了。这句话里有个"大过"，通常的理解是大的过错。实际上"大过"来自《易经》的泽风大过卦，本意是一件事发展过程起落大、辗转多。由此可见，孔子对《易经》的崇尚程度。

《史记·孔子世家》记载："孔子晚而喜《易》，序《象》《系》《说卦》《文言》，读《易》，韦编三绝。"这是讲：孔子晚年非常喜爱研习《易

经》，因为翻阅得频繁，把用来绑竹简的牛皮筋都磨破了多次。牛皮筋是非常坚韧的，能把它磨破，可见孔子读《易》的认真。也正因如此才有了孔子将《易经》升华为哲学高度的大成之作《易传》，其对儒家的思想发展起到了指导性的作用。

儒家的太极

儒家的核心太极为“孝”。

孝

“孝”从爻从子，子承爻，本字发端于《易经》。解构为“土”字与“子”字再加一个“丿”。

土字在《易经》中为坤卦，代表孕育万物的大地之母。

子字代表了生发，是万物的初始状态。

丿在造字中代表了由古到今的一个过程。

“孝”体现了有土之本源的思想，是对自然万物本源的感恩。孝让人明白新生事物来自大地，也会回归大地。你是大地的产物，不能忘本。孝体现了传承和感恩的核心价值观，只有这样，社会才能美好。

《曾子·仲尼闲居》中孔子讲：“夫孝，天之经，地之义，而民之行天地之经，而民是则之。”孔子讲孝是天经地义的每个人都应具备的儒家品德。

儒家的阴阳

阴阳的概念在儒家经典中随处可见。孔子从天、人、地的层面把阴阳进行了细分，具体到社会层面，阴阳为仁和义。仁为利他，属阴；而义为合宜，属阳。

《易传·说卦》："是以立天之道，曰阴与阳；立地之道，曰柔与刚；立人之道，曰仁与义。"仁义作为儒家的两个特性，是儒家的精粹。

儒家的三才

儒家结合《易经》的天、人、地三才模型，建立了儒家独特的三纲模型："君臣""夫妇""父子"，君臣为天，夫妇为人，父子为地。其正如《礼纬·含文嘉》中说"君为臣纲""父为子纲""夫为妻纲"。

君为臣纲是让领导做出表率，尽领导的义务，带动员工的进步；父为子纲是让父亲为孩子做榜样，教化子女；夫为妻纲是让丈夫承担起家庭的责任，照顾好家庭。

儒家的四象

儒家结合《易经》的四象衍生出四教。四教为儒家教育学生的四门学科，是将儒家思想由上至下传播的重要途径，对儒家的发展影响深远，其四教分别为"文""行""忠""信"。

文要敏而好学，具足了不断吸收的少阴性质；行要笃敬，具足了持续实施的少阳性质；忠要无喜无愠，具足了坚定从容的老阳性质；信要言不可复，具足了说到做到的老阴性质。这就是《论语》中所阐述的"子以四教：文，行，忠，信"。

儒家的五行

汉代大儒董仲舒将阴阳、五行融入儒家思想中，提出了天人感应、天人合一的思想。将儒家的核心价值观念仁、义、礼、智、信概括为“五常”，“五常”中的每个字背后都有与之对应的自然五行属性和特质，即以天之五行与人之五常相比合，就有了仁配木，义配金，礼配火，智配水，信配土。

《白虎通义·性情》讲：“五性者何？谓仁义礼智信也。智者，知也，独见前闻，不惑于事，见微知著也。信者，诚也，专一不移也。故人生而应八卦之体，得五气以为常，仁义礼智信也。”

五常的仁配木，是取了仁的利他，这些是符合木的生发、仁厚状态的特质；义配金，取了义的中正合宜，符合金的肃杀、权威特质；礼配火，礼是规范，需要彰显和表达，配以火的彰显、点亮的属性；智是掩藏的智慧，水主智力，掩藏于内而不外显的能量，所以智配水；信配土，信是履行承诺，是忠厚诚实，配以土的宽厚、承载之特质。

儒家之精——这个字让古代中国充满和谐

仁

大家品这个“仁”字。

“仁”这个字把它解构出来就是一个亻和一个二，这就是二人同行的意思。在社会关系中，任何两个人相处时间长了就容易出现矛盾，即使相亲相爱的夫妻也会发生争吵，所以“仁”就是为了解决人和人之间的不和谐。懂了“仁”字，人和人之间的矛盾就容易解决。

比如你和一个朋友约定去旅行，来到一个陌生的地方却迷路了。这个时候天也黑了，你们又冻又饿，就这样折腾了两三天，最后饥肠辘辘还是没有找到出路。突然你发现了树上有一个苹果，并把苹果一分为二，但是分得一半大一半小，这个时候你把大的那个拿走了。这是什么，叫自利，说俗点就是自私；如果苹果分得一样大，你一半我一半，是正合适的平衡，这叫和谐；如果你把那个小的拿走了，大的给了朋友，这就成为“仁”，“仁”就是利他。所以儒家产生以来孔子一直所倡导的“仁”就是利他的意思。

儒家的“仁”是作为人必须遵守的品德规范和行为准则确定下来的，通过教育把仁的价值理念内化为人们的行为意识。儒家讲“仁者爱人”，却不限于“爱”，反而超越了“爱”。通常的爱是双向的，需要反馈，而仁是单向的，形成了习惯利他。孔子讲“己欲立而立人，己欲达而达人”，是说自己如果想有所为就应该懂得协助别人有所作为，自己想要达到的，就应该帮助别人能达成，这都是推己及人的体现，根源上就是对“仁”的延伸，推己及人就是阴阳的转化过程，自己为阴，他人为阳。而利他亦是利己，则体现的是阴阳的统一。

孔子从不忽略人的自私性，反而充分认识并肯定个人对私利的追求，并以之作为自己理论的出发点和归宿，这就使孔子的理论站在了现实的人性基础之上。而孔子想要实现的“仁”，目的就在于要超越个人私利，达到为公利、为他人的境界，所以孔子是追求全面利他的，他讲的是“克己复礼”“克己及人”。

当人们是从为他人着想的角度做事，那么他人也会站在你的角度为你着想，这便是一种良性的循环，利他最终会循环到利己上来，让因果产生正向反馈。

下面这个真实的例子，告诉我们儒家的仁怎样做到利他就是利己的。

在 20 世纪初，伦敦虽然已进入工业化，但城市周边还是农田，也有许多穷苦农民。在伦敦西北郊区的田地附近有条河，有很多人去游泳。某天，有个叫弗莱明的苏格兰农夫在河边的田里耕地，突然听见了有人喊救命，有一个男孩陷在了沼泽中，已淹没至胸，男孩正拼命挣扎呼救。弗莱明跳入水里把这个孩子救上来。出于他的善良，孩子得救了。于是农夫就把孩子送回到他的家，送到的时候发现孩子家中是贵族。孩子的父母知道农夫救了他们的孩子，特别感激，并给农夫钱以表谢意。

农夫弗莱明却推辞，认为这是自己的分内事，救人于危难是人的义务和职责，婉拒了钱财。贵族一家几次上门找到农夫想表达感恩，农夫没有接受。后来，贵族家里得知农民也有孩子，并以捐助农夫孩子上学来感恩农夫。贵族为农夫孩子提供了同自己小孩一样的教育资源，农夫的孩子也真的努力学习，也成才了。在贵族的资助下，孩子上了伦敦的圣玛丽医科大学读医科。医学院毕业后他搞研究，然后发明了一样让他夺得诺贝尔奖的重要药品，叫盘尼西林（青霉素）。这个当年农夫的孩子叫亚历山大·弗莱明。

故事到此似乎结束了，实际不然。我们没有提到的贵族的孩子也长大成才了，他就是集军人、首相、演说家、画家和作家于一身的丘吉尔，是20 世纪最令人敬畏的政治领袖之一。二战期间，丘吉尔视察非洲时得了肺炎，无药可治。是弗莱明飞到非洲，用青霉素治好了丘吉尔。丘吉尔感谢弗莱明，弗莱明却说："这一次是你的父亲救了你。"可见弗莱明也感恩于丘吉尔父母对他的资助和关爱。这就是弗莱明和丘吉尔的故事，都是用"利他"的方式帮助别人，最后却因为他人同样的"利他"拥有了"利己"。

古代中国的智者经常善用仁来化解矛盾。

梁国和楚国相邻，都出产瓜。梁国人很勤勉地浇灌他们的瓜田，所以瓜都长得又大又甜。楚国人却十分懒惰，不太用心照料自己的瓜田，因此瓜长势很差。然而，楚国人看到梁国人种的瓜那么好，心生妒忌，便常有人在夜里去破坏梁国人的瓜田，给对方造成了不少的损失。梁国的瓜农很气愤，请求当地县令宋玖，准许他们也去破坏对方的瓜田。宋玖却认为，彼此结怨如何了得，何必心胸狭窄。相反，他命令士兵每晚默默地去给楚国人浇灌瓜田。楚国人知道后非常惊讶。楚地县令将宋玖此举告诉了楚王。楚王一方面很惭愧本国人的表现，一方面也称道梁人的仁厚。从此两国结下了友好邦谊。

宋玖通过利他的方式，感化了楚人，不仅保护了自己的瓜田，还获得了两国的邦谊，维护着国家稳定。如果宋玖当初采纳本国百姓的建议，同样去破坏楚国人的瓜田，两国必会因此结怨，致使邻国不睦，可能引发战争。到那时，百姓家破人亡、流离失所的悲剧将不可避免。

当我们了解了仁的概念，就清楚地知道，只有任何一个国家和社会都秉承“仁”，他们的人民才更具亲和力、更具善性，也具有优良的品德。所以我们知道儒家的“仁”绝不是简单的教条，而是非常重要的价值理念。儒家塑造了以仁为本的古中国，在正确实行的年代是相互利他，人人努力为雷锋的和谐时代。难道不值得在当今教育系统中继续传承吗！这就是仁是儒家之精的原因。

儒家之粹——这个字让中国人明白什么叫正确

大家再品这个字：義，解构“義”字由上面的“丷”，中间的“王”和下面的“我”构成。

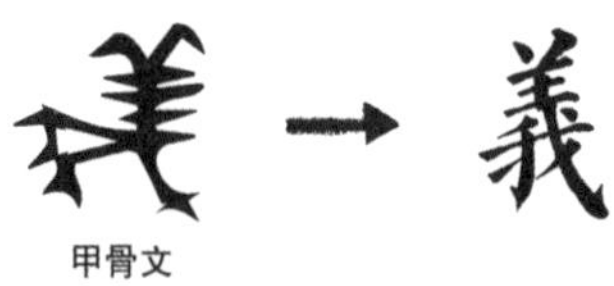

甲骨文

丷 大家了解“八”是表示数量的字，也是把很多的东西分开，拆分，而“丷”是把很多的东西汇聚起来的意思。

王 汉代大儒董仲舒在《春秋繁露》精解“王”：“古之造文者，三画连其中，谓之王。三画者，天地人也。连其中者，通其道也。”这段话就是说，古代造文字的人把三画从中间连在了一起就叫作王，这横着的三画就代表了天、地、人，也就是“三才”，能连接天地人的人就是王。所以“王”是指能把天、人、地的规律融合贯通的人。

我 代表自己，本身。

“義”字解构就是表达：我们所看到的宇宙中的点滴万象（丷）都汇聚到天地人的系统中（王）。“義”的下面是一个“我”，就是每个人自己要以天、地、人这个系统的规律指导做事，这就叫“義”。

天、地、人，就是时间、空间、事物。自然界事物现象都是时间、空间与事物三者之间的作用结果，符合时间、空间，还得事物相结合才能达到“義”。所以“義”最本质就是——合宜。合乎时宜，在适合的时间，适合的地点，做适合的事情，这就是“義”的真谛。

《中庸》讲：“義者宜也，尊贤为大。”《白虎通义》：“義者，宜也，断觉得中也。”都是讲的这个意思。能做到“義”，自然也会无往而不利。

春秋时期，郑国君王郑武公有两个儿子，一个是“庄公”，一个是“共叔段”。郑武公死后，由他的大儿子郑庄公继位。可是庄公的弟弟共叔段在他的母亲姜氏的支持下，竭力扩充自己的封地，积极进行夺取王位的准备工作。郑庄公的大臣祭仲知道后，力劝庄公说：“君王要及早安排，共叔段的势力已经很强了，再这样下去，您的王位会被他篡取的！”庄公听了，却道：“多行不义必自毙，子姑待之。”这意思是说，一个人若不合宜、不中正的事情做多了，必定会自取灭亡，你就等着吧！果真，共叔段的势力在不断扩大，将郑国的西、北部边境招于自己门下，直至廪延。同时，他在不停地修筑城池、屯田积兵，并准备让其母亲姜氏里应外合，攻下郑都。庄公早有防备，趁共叔段进军郑都时，出奇兵攻其窝穴。长久受共叔段压迫的百姓们也参与战斗，使共叔段兵败，逃亡他处，而后庄公出军阻击，最后使共叔段走投无路自杀了。出自《左传·隐公元年》的这个典故让大家明白：只有符合義，才能长治久安。

现实中做到“義”的合宜是不容易的。比如，中国的中医学是世界的医学瑰宝，中医的学习应该以中医古经典为主，但在中医学位考试要考英语，英语好了，中医就好了？这就是不“義”，不合宜。中医考《神农本草经》《难经》符合“義”。同样，现在台湾地区教科书去掉了中国史，在教育上割掉了同祖国的联系，这种现象持续下去，下一代的孩子就从文化上同祖国分离了。无独有偶，香港地区的教科书里主要介绍英国史和英女王的殖民统治，这怎么可能让孩子认同祖国呢？这都是不“義”。现在国家大力倡导并恢复中华文化，就是把这一代人丢掉的精华捡回来，这就是“義”。爱国就要爱“義”的文化，这才是最本真的“義”。

近一个世纪以来，我们对儒家都产生了巨大的误解。这个误解在哪里？是因为中国文化自洋务运动后，被学术界摒弃了。取而代之的是，西方文化的全面引进，人们的思维模式和价值理念发生了巨变。而对儒家的理解，基本依照西方教科书的内容进行评价，加之21世纪初中国学者的反传统风潮，把整个儒家好的思想都打碎了。人们一提起儒家，就被刻板印象地概括为封建、腐朽、落后、制约、枷锁。这不是儒家，这是对儒家的偏见，放大了原有皇权利用儒家统治的片面性，忽略了真正儒家所表达的仁、义、礼、智、信的价值理念。

前面讲过西方文化造就的是一个利己的文化、征服性的文化、资源掠夺的文化。正是因为这样的文化特点，欧美的有识之士，知道一定要避免他们文化中的利己特点，因为利己只能带来整个社会的衰亡，所以他们用制度体系强调利他。

1988 年 1 月，75 位诺贝尔奖获得者在巴黎发表联合宣言：21 世纪人类要生存，就必须汲取 2500 年前孔子的智慧，必须重新认识东亚文明。

通过对儒家的仁和义（義）的解构，我们洞悉了儒家的精粹，这样大家就把握了儒家的核心理念。当然，儒家还有礼，智，信等多个要点，我们以后再具体论述。

听作者讲孔子和老子的故事

第二节　道家，让你成为依照自然规律生活的人

《易经》在道家

《易经》与道家创始人的关系

道家的创始人老子深受商容的影响，商容是商朝主掌祭祀的大臣，作为祭祀大臣需要熟练掌握天文、地理等知识，其对自然的规律深有了解及体会。老子最初便从商容遗留的文字中学到了《易经》的阴阳思想和术数。后来老子入周，以求进入太学学习，通过在太学中对《易》《诗》《书》《礼》《乐》五经的学习，老子随后成为守藏史，相当于国家图书馆的馆长。当时的周朝国家图书馆专门收集以《周易》和《周礼》为主的书籍，经典荟萃，老子从中获得了很多启发，对道家的发展起到了重要的作用。

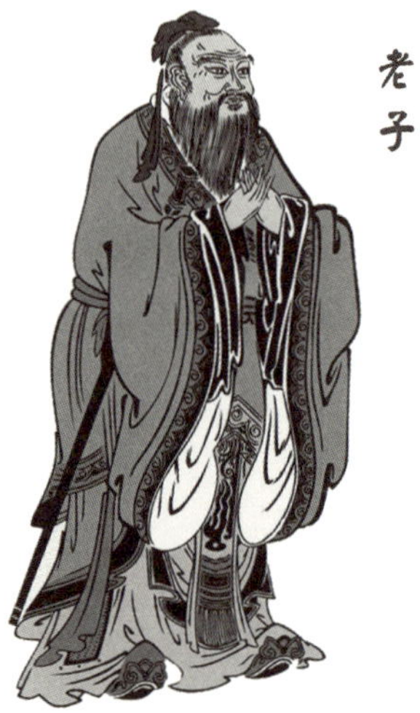

道家创始人老子画像

道家的太极

道家的核心太极为“道”。

由于《周易》成书要先于《道德经》，同时作为首经是学习的重点，而《道德经》便取《周易》中的“道”字命名“道”。

《周易·复卦》的卦辞：“反复其道，七日来复。”

这便是取了“道”的特点，揭示了宇宙规律具有周期性，同时具有变化性。道家所讲的核心便是人们要了解自然的规律，并遵循其发展。正所谓：道法自然。

道家的阴阳

道家的阴阳皆来自《易经》的阴阳。《道德经》通篇以阴阳论述观点，其中的刚柔、强弱、雌雄、难易、大小、有无、曲直等论点将阴阳关系进行了巧妙延展，展现出阴阳互根、转换、互含、对立等多层次的应用。不仅《道德经》，道家其他经典也都以阴阳作为主要观点。

《道德经》讲：“万物负阴而抱阳”及“将欲歙之，必固张之；将欲弱之，必固强之；将欲废之，必固兴之；将欲取之，必固与之”。道家发现万事万物都是阴阳两面的发展，当阳面走到极致必定走向阴面，反之亦然。

道家的三才

道家的三才亦等同于《易经》中的天、人、地三才模型。

《道德经》中讲：“人法地，地法天，天法道，道法自然。”揭示万事万物都受空间、时间的影响，这一切也都是在宇宙的规律下运行着的。

《太平经》中亦有“形体有三名，天、地、人”的论述。

道家的四象

道家有四个核心概念，完全内涵于《易经》的四象当中，分别是“守柔、寡欲、不争、无为”。

“无为”是外在看似无所作为但内在不停地运转，即是表现了从容不变的“老阳”的性质；“不争”并不是我们通常所认知的不争取，而是由于外在十分强大，以至其他事物不可与之相争，其表现出以外在的强势统御但内在阴柔的“少阳”；“守柔”则是看似外在柔软，然而内心坚定强大，对应了“少阴”的以柔克刚的状态；“寡欲”是将自己内心的欲望降低，弱化内心私欲，反映了朴实归真的“老阴”特点。

道家的五行

道家将《易经》五行的特点结构与万事万物相结合，总结出万事万物的运行状态。

《太平经》中阐述：“君者当以道德化万物，令各得其所也……故火能化四行自与五，故得称君象也。木性和而专，得火而散成灰。金性坚刚，得火而柔。土性大柔，得火而坚成瓦。水性寒，得火而温。火自与五行同，又能变化无常，其性动而上行。阴顺于阳，臣顺于君，又得照察明彻，分别是非，故得称君，其余不能也。”

《黄帝阴符经》中亦有“火生于木，祸发必克；奸生于国，时动必溃”。

道家之精——这个字研究宇宙的规律

大家从品“道”字入手，来体会道家的精华所在。“道”这个字究竟有什么含义？“道”字解构出来是一个“首”和一个“辶”，而“首”是一个合体字，再拆开应该是上面一个“丷”，中间“一”，下面是“自”。因此“道”字完整拆开就是右边上面一个“丷”，中间“一”，下面是“自”，左边一个“辶”。

丷在之前的“義”字中已经解释过，是把各种事物汇聚起来的意思。

一 之前董仲舒精解了“王”字，“三画者，天人地也”，这里只有一画，将“人”和“地”都不要了，只留了“天”，表示“天”，宇宙。

自 代表自己，本身。

辶 表示行走、走路。

道字要表达的含义：把宇宙间的各种事物现象（丷）都融汇在天（一）的系统中，然后自身（自）完全遵循宇宙的规律走（辶），就是按照宇宙的规律发展、运行，这就是道。

前面讲到中国文化中的“天”代表宇宙，即宇宙的规律系统。我们自身如果能够完全遵循宇宙的规律走，按照自然的规律行事和生活，就符合了道。于是，《道德经》讲：“人法地，地法天，天法道，道法自然。”说的就是人要效法天地、自然的规律。

那么在道家，什么是天的规律呢？老子讲：“万物负阴而抱阳。”这是受《易经》影响的道家核心，即万事万物都具有阴阳两面性。当一件事的阳面彰显时，必然存在与之对应的阴面等着你，只是有时候还未显现出或者被忽略了。《道德经》里的语句多以阴阳对应的概念出现，为的是阐述自然间最普遍的规律，万物皆在阴阳变化中。

所以道家思想重在把握阴阳之间的关系，道家人士也按照自然平衡的规律生活、修炼。所以，在中国古代，儒家、道家、释家这三大家中，通常长寿的多是道家人士，因为他们不太考虑人间的琐事，不太关心功名利禄等世间具体的外在事物，只潜心研究如何能够领悟自然，能更接近道。

中国古代有一个道士非常厉害，被尊称为真人。他就是中国的大医家，被称为药圣的孙思邈。孙思邈依照自然的规律生活，修炼自己，同时又研究中医，在对中医的研究中也找到了很多人与自然对应的机理，《千金方》就是他的传世之作，救治了很多人，他本人也活了 141 岁，是世界上最长寿的医生。孙思邈既能用医学理论治病救人，还能指导实践活得长寿，堪称奇迹。

道的现实应用就是从事符合自然的产业，有很多产业会创造高额利润，但对环境会带来污染。而符合道的产业本身就源源不断地赋予我们财富，对人类生存的环境没有伤害，这种产业才是各国都应大力发展的。那什么是合乎道的产业呢？地球上有种取之不尽、用之不竭的能源，就是太阳能。人类如能共同开发太阳能，那无论是汽车、航空、电力、网络等多个产业都会超速发展。同时，又保护了环境。这就是道家思想的应用。

所以，无论是道家还是道教，它们所追逐的核心就是道，能够发现自然规律并得以掌握，让自己的行为与思想都能够与自然同频，获得身心境界的提升。

道家之粹——这个字彰显了人需要遵从的路

大家再品这个“德”字，“德”字的解构为左边一个“彳”，右边的上面是个“十”，十字下面是个“罒”（读 wang，音同网），再下面是“一”，最下面是一个“心”。

甲骨文

在甲骨文中，“德”的“彳”是全拆开的，变成为四个折断的角，就是一个折在左上角，一个折在右下角，一个折在左下角，一个折在右上角，这个形状代表着道路，是一个十字路口（十），在中间有只眼睛（罒），眼睛上面又生出一条竖线，表达的意思是这只眼睛在选择道路时是往上看的，这就意味着朝着天（宇宙）的方向看。所以德最初是跟着天走，选择跟着宇宙走的那条道路。

彳 代表人数众多的意思。

十 “一”为东西，“丨”为南北，则四方中央备矣。“十”显现自然的整体。

罒 这个网，表示远古猎人用网来捕猎，后引申为规则和法律。

一 表示专注为一。

心 表示为思想的领域。

德就是众多的人都以自然为大家思想的规则。这样，大家就明白了：德是在道的自然规律基础上，人们应当遵循的行为准则。德就是当你明白了道以后，你应按照规律指引的方向做事情。

比如，冬天来了，寒气逼人，人们自然就穿上棉衣御寒，这就符合德的理念。而也有人偏偏在最冷的时候，裸体冬泳，形似健身，实际从事了不符合道的运动，因为人的皮肤其实有很多毛孔，在运动时毛孔张开，等于给寒气打开了大门，深入体内，对血液和心脏都会带来不良的影响。人有适应性，时间长了，对寒冷就没有感觉了，持续下去健康就容易出现问题。这就是做了无德的运动。

在国外，我们常见西方女性在冬天下肢穿得很少，甚至裸露，美其名曰：时尚。年轻时没问题，等过了50岁以后，关节炎、风湿就出来了，痛不堪言。这也是不德的表现。有德就是在生活中，按时吃饭，按时穿衣，按时睡觉，做符合自然的事。听着简单吧，现在能做到的还真不多。

所以，修炼道德是锻炼思维的过程，能否抓住事物的本质，以及看清事物的特点。就像人读书，不是读书越多的人就越聪明，读书越多的人就越智慧。读书需要懂得分辨哪本书是对自己有价值的。这个价值不在于获得多少知识，而是提高思维的能力。这个世界上最好的知识宝库是维基百科以及百度百科！人需要的是有思维、有境界、有看法，有针对时空不同的表达，以及对应于不同时空问题的解决能力。

有很多知识理论的应用，在某些特定的时间、环境下极有价值，但是换个时间和环境可能就根本无价值。这个知识爆炸的时代，世界上每一天都有很多读物出版，碎片化的知识也随处可见。这些知识体系都有自己独特的角度，但犹如盲人摸象，有人摸到象腿认为是柱子，有人摸到象屁股认为是肉乎乎的元宝，还有人摸到象鼻子认为是一根绳。很多人读了这些书，觉得写得都对，但最后问他大象到底是啥，仍然不知道。这是因为不具备一个好的思维模式来辨别是非。

第三节　释家，让你成为心无挂碍自由的人

《易经》在释家

《易经》与释家的关系

佛教作为外来宗教，其同《易经》并无直接渊源。但是在佛教内生的释家哲学同《易经》却有文化的关联。佛教在汉化的过程中，大量地吸收儒和道以及易的思想，期间出现了一大批能够将梵文翻译成汉语的重要学者，这些学者非常精通儒、道及《易经》，有很深的中国传统文化积淀，常常以儒、道、易典籍中的词语、概念来比附和解释并扩展佛教的教义和思想，在佛教史上被称为“格义”。其中非常著名的代表人物，如竺法汰、鸠摩罗什、道安、慧远、支遁、玄奘、僧肇等等。也因为这些学者和翻译家让释家思想内涵达到了质的升华，所以汉传佛教思想因为中华文化的海纳与包容而被释义得如此精深。

《易经》系统的河图、洛书和卦的数理，在周朝就同印度文化产生了联系，影响到了印度教的数理派，而后来印度教又直接影响了佛教的产生。在此层面，《易经》和佛教形成了间接的联系。而禅宗的理念就同《易传》产生了直接的关系。

释家的太极

释家的核心太极是“空”。

释家的核心就是围绕修行悟空展开的。无论释家有多少派别，但悟空是不变的本质。而释家的空在原始佛教的含义相当具体，经过汉化翻译后，其内涵出现延展。现在的“空”同《易经》的无极异曲同工。真如（本无）、涅槃（无为）、无我，这些都是关于“空”的概念。

释家的阴阳

释家的因果是佛教的基本定律。因是产生结果的直接原因，果是原因造成的结果。它们相互依存，互为关联。

因果具有阴阳的特性，因是开始，为阳，果是结束，为阴。因果具有阴阳的转换作用。

释家的三才

释家三界是无色界、色界和欲界。分为上、中、下界，位于天、人、地的三个层次。这里的三才应用非常明显。

释家的四象

释家四劫是成、住、坏、空。其完全内涵于《易经》的四象，少阳、老阳、少阴、老阴。

成，初起阶段；住，持续阶段；坏，损坏，破败阶段；空，终结，归虚阶段。

释家的五行

释家五蕴是色蕴，受蕴，想蕴，行蕴，识蕴；五根是眼，耳，鼻，舌，身；五境是色，声，香，味，触。其内涵五行的特性于其中。

释家之精——这个字让你进入通往天地的通道

释家第一个值得玩味的字就是这个“空”字，“空”可谓是整个释家最核心的代表字，更是释家核心价值理念的终极表达。

空

那么“空”字到底是什么意思呢？“空”字解构出来是上面一个“穴”，下面是个“工”。

穴 大家听说“穴位”一词，穴位就是一个口，表达的是一个通道，所以“穴”本意就是进入某一个通道的开关。

工 大家发现，这个工是“王”字少了中间的一横，天、人、地少了中间的人。只保留了天和地，“工”就是联通了天和地。

“空”字结构表达了进入天地的通道（工），忽略了人的通道开关（穴）。

“空”是让人们只考虑天与地的一种境界，使人们进入一个能够洗去各种各样欲望、想法的通道，直接跟天地结合、跟宇宙自然相结合。

我们找到这个通道，就进入到了释家“空”的境界。《心经》有句：“心无挂碍”，才能“无有恐怖”。“心无挂碍”就是说人的心不能保留、牵挂着一堆事情，挂碍就是那些阻碍人们跟自然融合的各种欲望，只有抛弃妄念，人们才能由此岸世界达到彼岸世界。

三国时期，孙权的妃子潘氏长得妩媚动人，但是生性善妒，凡事都要占上风。在孙权后宫之中，袁夫人是其中最受宠的一位，潘氏击败了袁夫人之后，又撺掇着孙权废掉太子孙和，改立自己的儿子孙亮为太子。潘氏则母凭子贵，摇身变成皇后。这也是孙权称帝以来，所立的唯一皇后。

按说潘氏应该知足了，可是被妄念占据头脑的潘氏，又开始追逐权力，开始和中书令孙弘狼狈为奸，两人一拍即合，结党营私，陷害忠良。

在公元 252 年春天，孙权病重。潘氏看到孙权身患重病，想像吕后那样主宰天下。然而，还不等孙权归天，潘氏自己却累倒了。有一天，趁着她睡觉的时候，早已不堪欺凌的宫女们一拥而上，将她活活勒死在床上，对外谎称是因病暴亡。虽然后来事情败露，宫女们都伏法，但是潘氏的女皇梦，也因此付诸东流。

这个故事让大家明白：不切实际的欲望会让人们看不清自己，同时也看不清别人。所有这些名和利都会随时间而消失。谁会记得1922年美国的首富是谁？现在还有几个人会记得 20 世纪 30 年代亚洲最受欢迎的篮球明星是王玉增？

这个世界，“色不异空，空不异色；色即是空，空即是色”。万物最终化归为空，人一切所谓的欲念都会随着时间的推移，消失殆尽，各种现象只是在这个过程中的某一因素而已。

释家之粹——这个字讲述万物之间的混沌效应

大家再品释家另一个重要的字“缘”。“缘”字由左边的“纟”，右边的“彖”（tuan，音同团）组成。

緣

糹是个关联词，就是缠绕的、不可磨灭的联系。

彖字直接来自《易经》，彖是古代的一种动物，其牙齿非常锋利，能够把铁器咬断（现已灭绝）。所以“彖”字的本意就是断语，能够决断、确定下来的意思。

“缘”字结构就是表达：一种确认（彖）的、不可被中断的联系（纟）。

人和人之间的缘，是早已经确认了的关系。缘的梵文原意只是“连接”的意思，而在翻译成中文时用了“缘”字就使得梵文本身的意思得到了深化。缘更加体现人跟人之间、人跟物之间、物和物之间相互的、各种各样千丝万缕的确定联系。

释家讲“万物皆有因果”，又有重要理念叫作“十二因缘”，从“无名”到最后的“入灭”，中间有很多的过程，是在讲之间相互的因果关系。“因果”其实就是“缘”，事物之间的相互关系早已注定。前面种下的因，后面会返回出各种各样的果，它们是一种轮回的、旋转的因缘关系。

《大智度论》中有这样一则故事，是佛陀讲的。

从前，有一位老师父带着一群小和尚在一间古寺里修行。他的教法严厉，要求小和尚要精进用功，勿自我放纵、浪费时光。不管是行、住、坐、卧一定不离经文。哪怕是在外托钵，走在路上也要背诵经文。

有一天，小和尚托钵乞食，看着钵，头也不抬向前走，口里朗诵经文。有一位老人看见他，打开大门要让他进去，可是小和尚背得入神了，忘记了要托钵乞食，一户户地走过去。老人看到小和尚觉得很可爱，他就叫他过来，看他的钵还是空的，就问走过他家门口为什么不进来？小和尚说自己专心背诵经文，忘了。老人又问他为何这么专心，连周围都不看。

小和尚告诉老人：师父要求很严格，要守住一念心，不能放纵，要时时精进。所以每天都要背诵很多经文。老人觉得小和尚这么用功，让他以后每天都来家里，给他满钵的食物。

从那开始，年复一年，都是由老人给小和尚生活所需，让他无后顾之忧地修行。他也很感恩，更加努力精进。

佛陀说完这个故事，告诉弟子，当时的和尚就是他自己，而那位长者就是现在的阿难。阿难生生世世都护持佛陀，佛陀则引导阿难入正知见，这都是因为过去种好因缘的结果。

释家用空和缘，让大家认识世界的本来样子。珍惜存在，远离不切实际的幻相。

释家的基本教义讲："诸行无常，诸法无我，涅槃寂静。""诸行无常"是说各种事物现象都没有常态，即我们看到的世界万象没有不变的，都在变化中。"诸法无我"，就是没有常驻的自我，当万事万物都在变化时，我们也会随着事物和环境的变化而改变。

人类存在于这个世界，所面对的一切都是"苦"。"苦"来自两方面，第一是"欲望"，欲望不能满足，当我们想而不得时；第二是"攀比"，总和别人比名利、物质，这时就会感觉到"苦"。"涅槃寂静"，只有修"空"，进入到另一个彼岸世界，那时候才能达到真正寂静的状态，才能灭一切的苦。

这句箴言对我们现实的意义其实非常大，是让每个人要降低过度的欲望，降低多的攀比心，要认识到"苦"是生活的常态，"乐"是非常态，不要一味追求"乐"，而是要追求在苦中找到平衡，在苦中理解人生，调整心态放弃上述的"欲望"和"比较"，这样"苦"就消灭了。

至此，已经把国学树中的三大树干儒、道、释其中的精粹介绍给大家了。世界上其他国家大都是以一个哲学或者宗教为主导的，唯独中国是三个。儒家可以把人们修炼成真正的社会人，让人更好地入世；道家把人修炼成自然人，让人们更好地顺应自然规律，更好地健康生活；而释家可以把人们修炼成为心志平衡的人，让人的心灵得到宁静、自由与慰藉。

所以儒、道、释可以满足人类在世界上生存的每一个际遇和各种状态下的需要。这三大主干也为国学树上的枝干、花叶的茂密奉献了自己的能量。

第五章

国学树枝

墨法兵谋名农，自成体系的中国智慧

国学之树在树根《易经》的滋养中生长出了三根环抱的主干儒、道、释，它们彼此影响与作用而衍生出的树枝也更加富有力量。这些树枝代表着诸子百家的思想与成就，它们的出现增加了中华文明博大与深沉的特质。诸子百家中无论拿出哪一家的思想精髓，其闪光点都足以让每一个中国人为之自信和骄傲。

第一节　墨家，曾经塑造国人完美品德的中国哲学

《易经》在墨家

《易经》与墨家创始人的关系

墨家的创始人是墨子，名翟（约公元前468年—公元前390年）。墨子早年师从儒家学习六经，由于对周文王的崇敬，墨子深入研习以《易经》为首经的五经，对《易经》有深刻理解并产生易的思维，后根据自己对世界的认知，脱离了儒家体系，并创造了自己的理论体系。

墨家创始人墨子画像

墨子引用了《大雅 · 文王》中描写文王的文字，以赞美文王并给后人以启示。

《墨子·明鬼》中讲："文王在上，於昭于天。周虽旧邦，其命维新。有周不显，帝命不时。文王陟降，在帝左右。"墨子尊崇周文王的治国理念。

墨家的太极

墨家的核心太极为“非攻”。

墨子并不是一味地反对战争，而是通过《易经》启示的平衡观反对不义的战争。

《墨子·非攻》中讲：“当此，天下之君子皆知而非之，谓之不义。今至大为不义攻国，则弗知非，从而誉之，谓之义，情不知其不义也，故书其言以遗后世。”

墨家认为不义的战争不符合《易经》中的道并打破了原本自然的平衡，所以墨子的主张即是围绕着非攻而展开的。

墨家的阴阳

墨家通过《易经》的阴阳思维提出了“兼相爱，交相利”的对应的思想主张。《墨子·天志上》中提到，“顺天意者，兼相爱，交相利，必得赏；反天意者，别相恶，交相贼，必得罚。”

其中 “兼相爱”为阳，是相对“别相恶”的阴而言的，主张人们要不分亲疏、贵贱、贫富，一视同仁地爱所有的人。而“交相利”为阳，则是相对“交相贼”的阴而言，主张人们互相帮助，共谋福利，反对互相争夺。墨家主张人们抛弃阴的一面而朝向阳的一面发展。

《墨子·经上》中讲：“力，形之所以奋也。动，或从也。止，以久也。” 墨家通过阴阳思维来描述物理力学中的力为改变物体动、止状态的原因。而墨子又对物理学中动与止两种状态进行了定义和描述，其中动为阳，而止为阴。

墨家的三才

三表法即墨家是通过结合天、人、地的思想，总结出的一套判断理论是非的三要素标准，即“本”“原”“利”。

《墨子·非命上》中提到：“何谓三表？子墨子言曰：有本之者，有原之者，有用之者。于何本之？上本之于古者圣王之事。于何原之？下原察百姓耳目之实。于何用之？废以为刑政，观其中国家百姓人民之利。此所谓言有三表也。”

“本”即是找到理论的历史依据为“天”，其次“原”看理论是否结合了实际情况为“地”，最后“利”则通过实际效果检验为“人”。

墨家通过《易经》天、人、地的三才模型，在兵法战略中提出了三个核心元素，其分别为“食”“兵”“城”。

如《墨子·七患》中阐述：“食者，国之宝也；兵者，国之爪也；城者，所以自守也；此三者，国之具也。”粮草作为战争的最重要的物资为三才中的“天”，士兵则是以人为核心即为三才的“人”，而城为地理优势即为三才中的“地”。

墨家的四象

墨家通过对《易经》节卦中四时对应的四象的理解，发展衍生出了自己对“节”的理解与思想。

根据《象辞》“天地节而四时成，节以制度，不伤财，不害民”，墨家提出了自己对于“节”的认识和思想，即为“节用”及“节葬”。

墨家的五行

墨子在科学研究中也对五行思想有精辟的考虑，在《墨子·经下》中提到：“五行毋常胜，说在宜。”

这是说，五行能量之间不是绝对的生克关系，讲究适度。墨子认为五行的生克是相对的而非绝对，必须考虑彼此间要实现生克的量化是否适合和合宜。墨子在晚年时著有一部《墨子五行记》，是研究五行之间变化的专著，现已失传。

在《墨子·迎敌祠》中，墨子还将五行的颜色与战争方位结合，根据敌人来的不同方位采取不同的应对方式。

墨子是中国历史上少有的全才

墨子是中国历史上少有的全才。用现在的话讲，墨子是中国历史上最顶尖的复合型人才。他懂政治，会团建，擅工艺，研哲学，钻科技，通算术……在各个领域都有自己的建树。

首先，墨子是个政治家，他有自己的政治价值观，主张世界上人人平等，并且国与国也平等，不能以强胜弱，这都体现出他的“兼爱”“非攻”的政治思想。而这些观念非常超前，与现代文明和平年代的价值观极相似。

同时墨子是个出色的军事家，他的军事理念一点都不逊色于孙子，墨家的人有自己的追求，他们只帮助弱小国家抵抗别国的侵略，重视防守。孙子的军事理念更倾向于主动进攻，而墨子则更倾向于守护，因为他主张的是“非攻”。

墨子还是一个逻辑学家，创造了世界最早的逻辑学。他有著名的墨辩，把逻辑学中“辩”的概念、“类”的概念、“故”的概念等，都深刻地理解、分析并彰显出来，告诉人们探究未知事物的方法和步骤，逻辑严密。也因此，墨辩同印度的因明学、古希腊的逻辑学（其后来形成现在的线性逻辑、形式逻辑等，都源自古希腊逻辑学），共称为世界三大逻辑学。

除以上描述的诸多才能，墨子还是科学家，发明家，工匠。他在力学、光学、声学方面都有深入研究，发现了小孔成像和光传播原理；提出了任何物体如果在没有外力影响下，将一直运动下去，其实这是著名的力学运动定律；还对杠杆原理给出了精辟解释。平面几何也是墨子的研究范围，“端，体之无厚而最前者也”是墨子在《墨子·经上》给“点”下的定义；“方，柱隅四杈也”、“圆，一中同长也”是墨子对“方与圆”的定义，等等。墨子极具理性思维，是中国自然科学研究的先行者。

墨子也是武术家，懂功夫，教授格斗和搏击。墨子还建构了自己的政治团体，有严格的行政规则与控制方式。《淮南子》中讲：“墨子服役者百八十人，皆可使赴火蹈刀，死不还踵，化之所至也。”墨家政治团体的每个人，思想统一一致，团体凝聚力极强。

墨子开创了世界很多的先例。他还是哲学家中最早提倡环保主义的人。最早强调节约、节俭、对环境的保护。以墨子超人的能力和领导力，他一定富可敌国了吧？然而不是，墨子过着苦行僧般的生活，他的团体主张的是要扶助百姓，人人平等，帮助别人。墨者自己则过着简朴的生活，这也是墨子品德高尚的原因。

墨子的理念虽然非常先进，为社会服务，但是其甘于“以自苦至极”的生活理念在富足的社会中难以推广。而日本由于资源乏匮，墨子的思想极大地符合了日本人的先天理念，所以墨家精神被日本接受，并在此基础上逐渐形成了日本民族的武士道精神。

武士道精神是武士阶级的道德标准与规范，他们并不是没有思想文化的莽夫，实际武士阶级的人是既懂驾车射箭，也懂琴棋书画的人群。他们讲究如何做事得体，如何进行防御，讲究如何去帮助弱小，这是武士道精神的根本。而我们在近代历史中看到和理解的武士道，实际是已被军国主义诱导所致的扭曲精神，已与曾经最初引入的墨子思想理念相变节。

墨家十大精髓

墨子是如此的全才，他所创始的墨家可以总结出十大精髓。

墨家的第一个精髓，叫兼爱。兼爱，就是人人讲平等，人人要讲爱。儒家讲“仁”，利他，虽然我们明白：利他最后实际会得到一种利己的结果，但儒家在思想根源上反而是一种不求回报的单纯利他，是把仁作为道德行为的规则去执行，并且儒家讲尊卑有序，爱有亲疏、等级之分。而墨子的兼爱却与基督教的博爱非常相似，这个爱具有对换意义。就是我如果爱你，你也需要以某种方式回馈我，这里面有利益性的交换。在那个时代，墨子能提出关于兼爱的概念，提出人与人、国与国平等的观念，想法很超前。

墨家的第二个精髓是非攻。非攻包括两层含义，第一层含义是不要主动攻击别人，不管你强还是弱。如果你弱小，不能主动攻击，因为没有能力。如果你强，不要恃强凌弱，越强越要懂得爱护别人。墨子认为一个人的“强”是上天给予的，有了这个“强”，应该更多地去帮助别人，才能达到平衡，不能去主动攻击，否则就违反了天志，攻击、杀戮在墨子看来都是不义之事。

非攻的第二层意思就是，如果你是弱小的，你不能攻击别人的同时，你也不能让别人攻击你。所以作为弱小的国家和团体，当别人攻击你的时候，要有一套方法去击溃敌人。所以墨子手下的墨者，当哪个国家受到威胁的时候，他们就会被派到这个国家去帮助这个国家打击侵略者，提供帮助，以弱胜强。而通常只要墨者到来，这个国家就会转危为安。墨子是大军事家和策略家，还有一整套军事策略为其非攻的主张付诸实践。

墨家的第三个精髓，叫尚贤。“尚”，崇尚；“贤”，贤人、贤才。尚贤的意思就是选拔能人。中国最早提出“任人为贤、唯才适用”的就是墨子。墨子把“尚贤”看得很重，以为是政事之本。他特别反对君主用骨肉之亲，对于贤者应不拘出身，提出“官无常贵，民无终贱”的主张。墨家用人不论出身，只要有能力就可以得到提拔重用，这样的理念文化造就出来的墨家弟子个个能力极强，在墨家一个等级不高的人，就可以在一个诸侯国担任高官。“尚贤”的思想文化使墨家在当时能够聚集一大批非常有能力的人才，因而影响力极大。

墨家的第四个精髓，是墨家很重要的价值理念之一，叫尚同。尚同的意思是上天“选择天下赞阅贤良圣智辩慧之人，立以为天子”。墨子的尚同思想是高度的集权主义，实施自上而下的控制与有效管理，要求一切统一于上级，从组织系统的领导关系到思想意识，都要绝对地统一于上级，服从于上级，绝对不许反其道而行之。墨子认为尚同是行政管理之根本，只要为政者对人民“疾爱而使之，致信而持之，富贵以导其前，明罚以率其后"，举措适宜，就一定能统一全国上下的思想，实现民富国治。

简单地说，尚同就是统一的行为方式。墨子有一套制度，这个制度让所有加入他团体的人都遵循统一的规则，统一的行为，统一的步调，只要加入墨家团体的人都要经过这种苦行僧式的军事化训练。墨家团体在今天看来是个军事化的团体，跟现在的军队一样，全部统一训练，无论是思想还是技能。尚同主要是用制度和规则统一团队成员。当团队被制度化统一以后，这个团队的效率就极高，这就是为什么墨家团体的人数并不多，但却能产生巨大的效应，堪称以一人应对百人。

墨家的第五个精髓，叫作节用。节用，讲的是事事节俭，资源浪费是最可耻的。节用是墨家学说的一个重要内容。墨子认为，古代圣人治政，宫室、衣服、饮食、舟车只要适用就够了，主张凡不利于实用，不能给百姓带来利益的，应一概取消。墨子有一套节俭的方法，这种方法常被用于现代的成本控制上，不得浪费，要节俭，浪费就是犯罪。

墨家的第六个精髓，叫天志。这里的“志”是志向的志，大家已经知道“天”指宇宙，而墨子认为：天是有意志的，不仅决定自然界星辰、四时、寒暑的运动变化，还对人世的政治起支配作用。因“天之爱民之厚”，君主若违天意就要受天之罚，反之，则会得天之赏。因此不难看出墨子对“天”的认知是具有人格化的天。墨子的兼爱与西方基督教讲的博爱类似，实际他们之间的确具有相似性，墨家的“天志”同西方基督教信奉的上帝均表达的是具有人格化的上天。实际上，墨子也是世界范围内，第一个提出“上帝”这个词的人，有云“古者上帝鬼神之建设国都”。“天志”就是人格化的天的意志，人们不能违反。“天志”更是法律的来源，用来规范制约人们的思想和行为，核心是“兼相爱，交相利”。那谁是宇宙意志的代表者呢？墨子说他是代表宇宙意志的，不能被违背。墨家以“天志”就统一了团体内所有人的思维以及价值理念。

墨家的第七个精髓，叫作明鬼。“明”在这里代表奖励，“鬼”代表惩罚，明鬼就是奖惩制度。前面所讲，统一的价值观建立后，告诉团队成员，天在看，如果你做了错事，要惩罚你，鬼就出来惩罚你，所以一定要做正确的事。他做了一套辅助价值观的体系，让大家在这个辅助价值体系当中，要做正确的、巨子（墨家的首领）要求做的事，而不需要往别的方向想。墨子通过倡导尊天、事鬼，借助天和鬼神的权威，在墨家形成了一种极强的精神信仰，这种精神信仰以天的意志渗透到墨家弟子每个人的灵魂深处，使得墨家弟子成员之间互助友爱，视首领为最高权威领袖，视组织利益高于个人生命，为了组织目标，宁死不屈、甘愿献身。据史料记载：墨子的180多个弟子，个个都能为其赴汤蹈火、甘愿献身。

墨家的第八个精髓，叫作节葬。墨子反对厚葬。墨子要求节葬如“棺三寸，足以朽骨；衣三领，足以朽肉”。他认为厚葬第一耽误时间，第二浪费精力与感情，第三降低效率，第四耗费资源。这跟他所推崇的节约理念是相一致的。

墨家的第九个精髓，叫非乐。“非乐”是“节用”思想的又一个具体体现。墨子认为礼乐是一种过度的浪费，必须要摆脱划分等级的礼乐束缚，墨子本就过着苦行僧一样的生活，因此他主张集中最有效的精力去做为社会、为人民有价值的事。社会首要解决的紧迫问题应该是人民的困苦和制止侵略战争，而统治阶级如果沉溺于礼乐活动不仅无助于此，反倒使人们处于水深火热之中。这也是墨子特别值得尊敬的地方，他以百姓的角度考虑国家、社会问题，心系普通人民，这些均使得墨家拥有了凝聚力极强的团体。

墨家的第十个精髓，叫非命。什么叫非命？墨子首先承认有命的存在，就是我们每个人，都有规律在我们身上产生影响。但墨子否定宿命论，认为世界是公平的，赖其力者得其生，不赖其力者不得其生是理所当然的。人可以掌握自己的命运，每个人都可以通过努力奋斗以及适合的方法来改变自己的命运，让自己的命运发展得更顺利。“英雄不问出处”是墨家一个鲜明的特点。墨子坚决反对世袭制，正是这样公平的人才环境，使得墨家得到了当时广大中下层人民的认可，也使得墨家人才济济。

墨子是一个完美主义者，他建立了一套完美社会的体系。他崇尚真理，研究规律，讲求平等，反对浪费，主张实用主义。这也是墨子有那么多发明创造的原因。墨子建立团体以及营造团体文化的模式对现代社会的团队建设有着巨大启示。墨家思想能够对营造价值观统一，文化力凝聚，执行力超强的组织起决定性作用。

第二节　法家，古代中国特有的组织管理理论体系

《易经》在法家

《易经》与法家创始人的关系

法家的创始人管仲跟墨子一样，上知天文，下知地理，中知人世，非常贤能。然而管仲不同于墨子的是，管仲姓姬，是周穆王的后代，管仲自幼便有机会接触《易经》，对于《易经》的学习来自王室直接的传承。管仲所著的《管子》中全面贯彻了《易经》的思维。

法家创始人管仲画像

法家的太极

法家的核心太极为“法”。

“法”是以无形的规则、规定治理有形的人、事、物。即以阴统阳。

法家的阴阳

法家将社会整体状态分为阴阳，即“乱”与“治”。“治”为天下太

平社会稳定的状态，属阳；“乱”为社会动荡的状态，属阴。

《韩非子·势难》中说：“夫尧、舜生而在上位，虽有十桀、纣不能乱者，则势治也；桀、纣亦生而在上位，虽有十尧、舜而亦不能治者，则势乱也。故曰：势治者则不可乱，而势乱者则不可治也。此自然之势也，非人之所得设也。”“治”“乱”作为法家看待社会的两个角度，是法家思想重要组成部分。

而在实际应用方法当中，法家亦将管理臣下的方法分为阴阳，即为“刑”和“赏”。将阴阳两种方法结合运用，便可以起到有效地管理臣下的作用。其中“刑”为威慑作用，属阴；而“赏”为鼓励振奋的作用，属阳。

《韩非子·二柄》中讲：“明主之所导制其臣者，二柄而已矣。二柄者，刑德也。何谓刑德？曰：杀戮之谓刑，庆赏之谓德。为人臣者畏诛罚而利庆赏，故人主自用其刑德，则群臣畏其威而归其利矣。”“刑”“德”作为法家用势的两个方法，是法家借势、用势、造势的核心。

法家的三才

通过《易经》的天、人、地三才模型，法家总结出了“法、术、势”治理模型，法居下，术居中，势居上。

《韩非子·八经篇》中阐述：“势者，胜众之资也。”

《韩非子·难三篇》中讲：“法者，编著之图籍，设立于官府，而布之百姓者也。”

《韩非子·定法》中又讲：“术者，因任而授官，循名而责实，操杀生之柄，课群臣之能者也。”

势为管理者所掌握的资本权威，为三才中的天，法为管理者所制定的用来依托并管理下属的准则规范，为三才中的地，术为管理者治理下属所使用的技巧，为三才中的人。

法家的四象

《易经》当中四象对于法家也有着深刻的影响。法家通过四象发展出四维模型，是管理国家的四个重要要素，四维分别为“礼”“义”“廉”“耻”。

《管子·牧民》中讲：“何谓四维？一曰礼，二曰义，三曰廉，四曰耻。”

有“礼”可以让人不过度张扬外显，使人不超越规范，对应了通过外在收敛控制内在彰显的少阴特点；“义”为人民不变的行为准则，国家通过义的制定可以使人民不贸然做违背自然规律的事，因此义上下一致的合宜状态具备了老阳性质；“廉”可以将不好的事物揭发出来，体现了以阳统阴的少阳特性；“耻”可以让人民明是非，不忘本，从而更加稳定，其对应了老阴的特征。

在实际应用中法家也将四象模型与颁布政令相结合，提出以四时为参考的颁布政令的方法。在《管子·四时》中讲：“不知四时，乃失国之基。不知五谷之故，国家乃路……四时者，阴阳之大经也。”

应用四象的自然形态，即在春、夏、秋、冬不同的时令中颁布不同内容的政令，从而使政令合宜，使国家稳定。

法家的五行

法家结合五行的原理将治国的方法归纳为“德”“义”“礼”“法”“权”五个要素，并解释了管理者对应五个要素的做法。

在《管子·五辅》中讲：“是故上必宽裕，而有解舍。下必听从，而不疾怨。上下和同，而有礼义，故处安而动威，战胜而守固，是以一战而正诸侯。”

法家的“德”对应五行的“土”，是符合土的包容承载的特性；“义”对应“金”，即是取的金的不变性与固定性；“礼”对应“火”，便是根据火的散发与外显特性；“法”对应“水”，是匹配水的外虚内实、外柔内刚的特点；“权”对应“木”，取自木的正直、向上的特点。

法、术、势完美结合，创造和谐社会

法家核心的思想是管理上的法、术、势，这个法、术、势是以《易经》中的三才（天、人、地）模型塑造出的理论体系。中国古代的法家在国家治理上既讲究调节国家职能又有严格的制度，中国历来最好的统治者都擅用“外儒内法”之道，法家思想也成为中国古代统治者的治世哲学。

法、术、势是什么理念？用一幅图，就可以解释清楚。

这幅图就是一辆马车。如上图中可见，前面是个马夫拿着缰绳，马车由车轮、龙骨以及车身框架组成。这辆马车就能够生动地反映法家思想里的法、术、势。

马车的框架：用来稳固马车，一旦固定好不能轻易晃动和改变，这是法。

马夫对缰绳掌控：手拿缰绳能够控制马匹行走的速度及方向，马车的快慢在于调整缰绳的松紧，方向的左右也以缰绳调整，这个掌控能力就如同术。

马夫上的主公：富有威严，马夫如不能很好地驾驭马车，就会拿鞭子以示惩罚，所以马夫很谨慎，努力将马车驾得平稳，这样一种威严感就是势的状态。

法家之精——这个字现已经在全球国家通用

大家先看这个法家之精：法。

法家的“法”讲究的是万事的制度和规则，归属于自然规律之中，在某种程度上具有“道”的意义，因此它对应着三才中的“天”，象征着规则与秩序。

有如《管子·明法》中讲：“法者，天下之程式也，万事之仪表也。”

曾经的历史教科书会让人们对法家有一些错误认知，认为法家的“法”就是严刑峻法，但实际上这个“法”讲究赏罚分明，恰到好处。

《韩非子·定法篇》中有阐明：“法者，宪令著于官府，刑罚必于民心，赏存乎慎法，而罚加乎奸令者也。”这个法的职能与西方的法制是类似的，就是法律制度。

“法”对一个国家的重要性从韩非子的一句话便能看出来，他讲“明法者强，慢法者弱，法明则无内外变乱之患”。这是说能够彰显法律的国家会强盛；怠慢法律的国家则会羸弱，如果法律在一个国家被全面彰显执行，让大家都明白了解并且严格遵守，那这个国家就不担心外在的变乱和内部矛盾的产生了。这句话即使是在今天，对任何一个国家都有极大的借鉴和指导意义。

曾经有一个国家情况比较惨，没有法律制度，而是人治，是以领导者个人说了算。只不过这个国家的领导者实际很爱护百姓，对百姓的帮助和关爱也很多，但他确实不重视采用法律制度规范国家职能，甚至连国家行政机构也取消了，只以他个人为主导。但这个国家曾经却是所在洲中最富裕的国家，人均 GDP 在洲内最高，有 600 万人口，这就是曾经非洲第一大强国利比亚。

利比亚的领袖就是卡扎菲。卡扎菲的理念主张不要过度管理，有经济实力能让百姓生活得好就足够了。所以他用人治的方式管理国家，但对百姓很好，有全民医疗免费、全民教育免费、全民住房免费。这样看似很好，但是因为缺少法律制度，随着新世纪来临，互联网的普及，年轻人通过网络慢慢了解了更多自己国家以外的价值观念，年轻一代感觉自己的国家不是如同西方一样拥有法制自由的国家。于是，出现了试图暴乱的极端分子，从偏远的班加西开始发动暴乱，从游行开始到最后破坏各种国家管理机构。

卡扎菲个人觉得只是内部小矛盾，也没重视，想着最后直接派兵镇压就可以解决。但是他没意识到这整件事后有别国的暗中支持，所以暴乱逐渐扩张和蔓延，卡扎菲政权最终也被推翻。可如今的利比亚是何情况呢？现在的利比亚仍然战争纷乱，派系林立，部族争端，想要建立起的法治社会仍然没有法治，原来的强权也不复存在。利比亚从非洲的强国，变成了最弱小的国家之一。

利比亚的例子明确地揭示，怠慢并且不彰明法，最后的结果不仅会爆发内乱，而且难以平复。

法家之粹——这个字运用好的企业人才不会流失

我们来看法家之粹：术。

术本义就是手段。法家的“术”是领导者能够统御下属的一门艺术。

《韩非子·定法》里有："术者，因任而授官，循名而责实，操杀生之柄，课群臣之能者也。此人主之所执也。"这里面具体地叙述了"术"的作用，讲领导者如何用人，如何管控下属，如何选择合适的人才并将其放置在适合的职位上。这部分内容就是三才模型中的"人和"层面。

首先，法律和制度一旦建立起来是不能随便改变的，如有需要变动就要经历严格的程序才能做更改。但是"术"则是领导者手里的权衡手段，是可以调整的。"术"通常用在最高的领导者和他的下属之间的相互关系中，最高领导通过"术"来掌握下属的动向，领导、管理下属。法家中的"术"为后世贡献了诸多优质、有效的用人手段。

关于"术"，韩非子有句非常有名的箴言："虚则知实之情，静则知动者正。"这句话讲的意思是，领导者先不表露自己的观点，才能了解到真实的情况信息，如果作为领导者或者管理者在一开始就先将自己的观点和角度表达明确了，那么大部分的手下人就会自然地迎合领导者的喜好而表达观点，那么领导者能够掌握到的真实客观信息就会很有限了。因为会有人顾忌领导者的立场而隐藏自己真实的想法。

在《韩非子》中有一个关于韩昭侯的故事就是讲上面这句箴言是如何具体运用的。

韩昭侯作为分封建侯的一个小王，是个地方的管理者。有一次，他派手下人去查看城池及周边有无异常，以便提前了解并治理。于是，他把自己的亲信派出去。过了一个时辰，亲信回来报告说城池周围都看过了，一切正常。韩昭侯感觉如此观察不够细致，再派一人去，并要求非常仔细。这次，这人汇报，也说整体确实没有太大问题，唯一就是在南门外有头黄牛在大路左边吃禾苗。当时是春天了，禾苗才长出来，牛就把禾苗吃了，一年的庄稼就糟了。韩昭侯了解后，并要求不许跟外人通报。

这时，韩昭侯号令召集各方官吏前来开会，会上告诉大家正值农忙季节，要对农作物加以保护，防止被各种动物踩踏破坏。于是，要求大家立刻到下面彻查，有什么破害禾苗的情况赶紧报上来。重点强调：如果不实汇报或者查看不仔细而忽略问题的人，就要严惩。

于是，官吏们纷纷出去查看，并回来作了汇报，在城北门、南门、东门、西门各处都有小情况。韩昭侯听了便问是否都迅速处理？官吏们表示都解决了。韩昭侯这时突然说出了南门外大路左边有头黄牛就在吃禾苗。并责问为什么没有人汇报。管理这个区域的官吏自己都觉得难以置信，找底下人去看，看后发现果如韩昭侯所说，有头黄牛在吃禾苗。这个官吏因此受到了惩罚，而其他的官吏当场也吓坏了。大家查看情况时，韩昭侯就坐在殿里，他却都能知道大家遗漏的问题在哪，并开始畏惧且谨小慎微，觉得将来做事要认真，千万不能做坏事，否则韩昭侯都会通过自己的方式知道。从此这些官吏做事情就极为认真，而同时对大小事务都能够如实汇报。

这就是领导者通过相应的手段达到管控下属，最后让下属能够更好地发挥自己的价值，这就是法家的术的应用。

法家之髓——这个字让管控达到最高境界

法家的核心除了法和术，还有一个就是势。

我们来品这个势，在前面那张马车的图中，马夫手持鞭子的状态就足以代表法家的“势”。

“势”到底是什么呢？

韩非子引用过慎到（战国时期法家代表人物）对“势”的解析，势的本质就是“权重位尊”，就是一个人拥有权力，同时也要在至尊、举足轻重的位置上才会存在这个“势”。

《管子·明法解》讲："明主在上位，有必治之势，则群臣不敢为非。"势侧重于营造一种气势，是一种空间环境以及氛围的营造，是一种依附和附着，它对应着三才里的"地"的层面，是关于"地利"的学问。

《韩非子·二柄》中讲："明主之所导制其臣者，二柄而已矣。二柄者，刑德也。何谓刑德？曰：杀戮之谓刑，庆赏之谓德。为人臣者畏诛罚而利庆赏。"

具体释义是这样的：一个明君如何管控他的属下，就用两个权杖而已，就是二柄。这两个权杖，一个叫刑，一个叫德。刑与德分别如何解释呢？简单说，杀戮叫刑，庆赏叫德。杀戮只是对刑罚的代称，庆赏就是奖励的意思。一般为人臣者，即做下属的，都害怕受到惩罚，而喜欢得到鼓励和奖赏。而刑与德就是一对阴阳的概念，刑为阴，德为阳，掌握了这对阴阳的平衡，领导者就掌握了人的不同心理，便能实现其威势，从而加强下属的执行能力。

作为领导者，树立自己的威势能够通过赏与罚来凸显。

《史记·孙子吴起列传》中有这样的记载，孙武晋见吴王阖闾，呈上所著兵书十三篇。吴王看后，赞不绝口。为考察孙武的统兵能力，吴王挑选了100多名宫女由孙子操练。孙武把宫女分为左右两队，指定吴王最为宠爱的两位美姬为左右队长，同时指派自己的马夫和陪乘担任军吏，负责执行军法。但宫女们不听号令，捧腹大笑，队形大乱。孙武便召集军吏，根据兵法，斩两位队长。吴王见孙武要杀掉自己的爱姬，马上派人传命，说寡人已知将军能用兵了，请将军赦免两位美姬。孙武毫不留情，表示既然受命为将，将在军中，君命有所不受。孙武执意杀掉两位队长，任命两队的排头兵充当队长，继续练兵。当孙武再次击鼓发令时，众宫女前后左右，进退回旋，跪爬滚起，全都遵守规则，阵形十分齐整。

阖闾失去爱姬，心中不快。孙武便亲见阖闾，表示令行禁止，赏罚分明，是用兵的常法，为将治军的通则。对士卒一定要威严，只有这样，他们才会听从号令，打仗才能克敌制胜。听了孙武的解释，吴王阖闾怒气消散，便拜孙武为将军。在孙武的训练下，吴军的军事素质有了明显提高，最终成为春秋五霸之一。

孙武作为将领以严明军令的方式树立了自身的威势，对于不能够有效执行指令的人起到了威慑和警示，彰显了势的效用。

法家思想以管理者、领导者的立场为人们呈现出了一套系统的政治哲学，把法、术、势三者合一，构成了完整的管理控制体系。要想成为卓有成效的管理者，制度、手段、威势三者缺一不可。对于任何一个国家、组织、团体，把法家思想琢磨透，有效地结合使用法、术、势，就意味着能够将天、人、地三要素有效地统一起来，从而达成趋于完美和谐地组织管控。

第三节　兵家，美国崇尚的史上最强军事战略战术论

《易经》之于兵家

《易经》与兵家创始人的关系

中国兵家的代表者，或者说兵家最重要的人就是孙子。孙武(公元前545年—公元前470年)，出生在齐国，和孔子几乎是同时代的人。

孙武年轻时阅读古代军事典籍《军政》，学习黄帝战胜四帝的作战经验以及古代名相伊尹、姜尚、管仲的用兵策略，由于远古的军事战略结合了河图、洛书及《易经》的思想，所以孙子也深深地被《易经》的思维影响着。他所著的《孙子兵法》无不蕴藏着《易经》的思维。

军事家、政治家孙子画像

兵家的太极

兵家的太极为“知己知彼”。

《孙子兵法·谋攻》中讲：“知己知彼，百战不殆；不知彼而知己，

一胜一负；不知彼不知己，每战必败。”

军事战争不懂知己知彼，就会把主动权让给对手，带来失败的后果。

兵家的阴阳

兵家中大量运用了《易经》系统中的阴阳思维，对于兵法衍生出如“攻守、奇正、虚实、动静、快慢、先后、内外、刚柔、方圆、顺逆”这些阴阳对应的理论观念，理论也分出阳谋与阴谋部分来分别阐述军事上的战略决策。例如兵家将战略阴阳分为正和奇，正为平直，为阳；奇为特殊偏斜，为阴。

如《孙子兵法·势篇》中讲：“凡战者，以正合，以奇胜。”奇正是兵家战略的两个方式，是兵家战略的关键所在。

兵家的三才

兵家也十分善于将《易经》中天时、地利、人和与作战布局相结合，从而总结出阵法模型，分别是天阵、人阵、地阵。天阵在上，人阵在中，地阵在下。

如《六韬·三阵》中讲：“武王问太公曰：凡用兵为天阵、地阵、人阵，奈何？太公曰：日月星辰斗柄，一左一右，一向一背，此谓天阵。丘陵水泉，亦有前后左右之利，此谓地阵。用车用马，用文用武，此谓人阵。武王曰：善哉！”

兵家的四象

兵家结合《易经》的四象衍生出四种了解敌我状态的方法，分别是“策”“候”“形”“角”。

《孙子兵法·虚实》中讲：“故策之而知得失之计，候之而知动静之理，形之而知死生之地，角之而知有余不足之处。”

“策”是通过主动筹划谋算，去分析了解敌人的计划得失，具有积极主动的“老阳”性质；“形”是通过外在的军形展示，察明敌人内在的虚实，对应了以外统内的“少阳”性质；“角”是通过小股兵力与敌人试探性的接触，从而摸清敌人的实际状态，对应了以弱胜强的“少阴”性质；“候”则是通过斥候与间谍暗中摸清敌人的情况，具备了藏而不露的“老阴”性质。

兵家五行

《孙子兵法》在军事战略上，以五行的特性应用五种要素来考虑具体情况，分别是道、天、地、将、法。这五种要素都有与之对应的五行属性。即道对应火，天对应金，地对应土，将对应木，法对应水。

《孙子兵法·始计》中提到：“故经之以五事，校之以计，而索其情：一曰道，二曰天，三曰地，四曰将，五曰法。”

道对应火，是取了道的同心、同德，民与将共存亡的特点，这些符合火的转化、附丽状态的特质。天对应金，是取了天的永恒不变的自然变化规律，这些符合金的固定的特质。地对应土，是取了地的高低、曲直的特点，配以土的承载特性。将对应木，是取了将的仁爱、勇敢，匹配木的生发、仁厚的特点。法对应水，是取了法的内在的组织编制，配的是水的内实的特点。

兵家之精——这个中心点是竞争不变的准则

兵家有一个非常关键的中心点就是知己知彼，是要充分了解自己，同时也要充分认知对方的情况。

知彼所强调的是对敌方的透彻知悉，无论优势弱点，要对外部信息进行正确的判断和分析。

知己是对我方自身的底细一清二楚，是内部信息的融通和汇总。

彼为阳，己为阴，阳在外，阴在内，因此知己知彼便容易把握这对阴阳之间的相互作用和关系。通过阴阳之间的不同关系可以分析和制定出相应的战略战术，针对阴阳对立、阴阳转化、阴阳平衡这些准则能够分析敌我双方的强弱比较，对自身采取增强去弱，修正平衡，攻其薄弱等策略，从而把握胜算。

毛泽东在《论持久战》中讲到："战争不是神物，仍是世间的一种必然运动，因此，《孙子》的规律，'知彼知己，百战不殆'，仍是科学的真理。"

回看历史上的战争，真的是既要知己又要知彼，才能打胜仗。最著名的例子就是中国解放战争，当时八百万的国民党军队被解放军以少胜多打败。具体地说，就是因为在战役前能够准确掌握和判断敌我的军事部署情况，从而实施有效的打击。

而甲午战争中，日本能够打败当时强大的清朝海军，核心就是对方提前知悉清朝海军的所有动向，日本易学大师高岛吞象提前对清朝海军可能会采用的战略作了预测和分析，于是制定相应对策，重点打击清朝海军的弱点，其结果就是直接击败清朝海军。

在甲午战争中，高岛吞象的助力使得日本把握全局。因此，知己知彼不仅仅是了解彼此的情况，其中的关键是能够准确地分析、判断知晓信息内容，从而制定适合的战略决策。

兵家之粹——学会三大要素让你在商业中战无不胜

兵家的战略思想讲究三大要素。这三大要素既来自《孙子兵法》，同时也是所有兵法和军事著作共通的制胜准则，这三大要素在军事和商业竞争中都有直接应用。

全胜

《孙子兵法》原典中的“不战而屈人之兵”，意思是不用作战，只需要威慑力，对方就屈从了。因为，只要热战开始，对双方都是不利的，彼此都会发生消耗、损失和人员伤害，包括殃及无辜民众。所以真正有战略眼光的军事家是不希望打仗的，最高妙的境界就是通过展示自己的实力和一些其他做法，能使对方屈从。

全胜战略，当年美国总统布什用过。在伊拉克战争中，美国把当时的伊拉克总统萨达姆逮捕，短期迅速地占领了伊拉克全境，美国展示出了它战无不胜的实力。布什通过散布这些信息，让那些与美国为敌的小国家感到畏惧，其中就有利比亚。利比亚的卡扎菲看到了伊拉克的先例，深深感觉到以利比亚区区 600 万人口的小国是根本无法跟美国抗衡的。同时，美国也在用动向表明，他们准备把军队派往非洲，用这种方式震慑利比亚。而这种“不战而屈人之兵”之势的确起了效果，使得当年的卡扎菲投降美国，向西方妥协。

商战也一样，有一家美国公司就是用了“不战而屈人之兵”之术，使别人很难跟它竞争，这家公司到哪都所向披靡，这就是微软公司。微软公司凭借强大的实力，控制了电脑操作系统。它拥有除了苹果以外的所有 IBM 兼容机操作系统的把控能力。微软的所有产品都是基于自己的操作系统之下的，有非常强的优势，运用它的源代码，可以开发出比别人更好的各种应用软件，所以它的产品如 office 软件等套件在全世界所向披靡，赚取了巨大的财富，这也是“不战而屈人之兵”的重要案例。

先胜

《孙子兵法》讲“先为不可胜，以待敌之可胜”。就是要做到先不让敌人攻击你，不可被战胜，再找到机会进攻对方来取胜。换句话说就是先把自己做强大，这样在战争中别人攻击不了你，然后再找机会去战胜对手。这也是一个非常重要的军事理念，同样适用在商业和其他领域。

在经济领域，我们有一个最近的案例，就是华为研发 5G 网络的事。华为在全球率先研发出了 5G 技术，截至 2019 年 4 月，华为全球签订了 40 多个 5G 商用合同，占据近一半 5G 市场份额，并持有 2570 多项 5G 专利，巴龙 5000 是目前唯一真正能够商用的 5G 芯片，性能超过三星、高通等所有竞争对手。也因为华为公司掌握了核心通信技术和无数科技专利，尤其是通信相关的专利，就连苹果和高通也是需要华为授权。2015 年，华为授权苹果公司 805 项专利。2017 年，华为向高通子公司授权 115 项美国专利。2018 年，华为又向高通子公司授权 308 项中国专利。正是华为掌握了核心技术，占据了全球通信领域的先机，才使得华为做到了别人无法攻击和消灭它，纵使美国为首的西方国家采用卡喉策略也无法撼动华为在全球 5G 技术中的主导地位。目前，之前原本跟随美国禁止华为开展本国 5G 建设的诸多国家也逐渐恢复与华为的合作，甚至建立更加深度的合作，现在美国自身也无力阻挡华为进入美国。

华为做到了先胜，致使美国在 5G 研发上处于被动。而华为的先胜也不是一蹴而就的，是一步步的精准策略和执行到位造就的。

速胜

《孙子兵法》里有“兵贵胜，不贵久”，是用兵贵在神速，求迅速取胜，不能贵在久，时间长了就有大消耗。孙子的观点认为，积累自己的实力，蓄势待发，同时把握时机和地利，条件允许的情况下，迅速寻求最佳点从而取得快速胜利，而避免持久僵持战。

经济领域，开发一个新产品，如果先投入这个市场并做到快速占领，这样后面来的人就已经没有空间了，当他和你竞争，想去争夺你的市场份额时，要付出五倍、十倍的心力，这是很难的。

实际“兵贵胜，不贵久”其实原话应该是“兵贵速，不贵久”。这种神速在《孙子兵法》也有具体的描述，“其疾如风，其徐如林，侵掠如火，不动如山”。这句里就讲了军队行动时会快速如疾风，静待时要如树林般肃穆，出手攻击时要似烈火燎原之势迅猛，驻守时则要稳重不动如山。因为万事都有好有坏，有高低起伏，趁着好时机果敢向前、行动如风似火寻得速胜，在恶劣情况下则要安静忍耐，才能积累实力，等待时机好转再一鼓作气突发制人。

讲到“兵贵胜，不贵久”，我们前面讲到了美国攻打伊拉克的战争，用短短两个多月的时间取得了占领全境的胜利，但是没有全部拿下伊拉克。首先这个战争本身不正义，所以它很难。时间线拉到十多年后，我们看到美国实际上也没有取得任何胜利，大量军费消耗，美国军人常年远离故土，而且造成了巨大的人员伤亡，这就成了“贵久”，战争一旦进入胶着或者拉锯、拖延状态，那么之前所有的用兵价值就不存在了。所以战争的核心或竞争的核心，是要快速占领，速战速决。

在商业领域中，谁能快速占领市场，后来者就很难分到大份额的羹。美国本土有名的快餐店，有 Burger King（汉堡王），麦当劳，还有 Jack in the Box，却没有肯德基，但是肯德基却在中国随处可见。当年当麦当劳还在享受它在全球市场占有的巨大份额时，肯德基却悄然地迅速进入中国。在北京前门开了第一家店，快速占领市场。当麦当劳进来的时候，肯德基在中国的布局已经完成。尽管麦当劳拿下一部分市场，但是已经不可能在中国市场夺回第一的位置。

孙子讲的制胜准则全胜、先胜、速胜，均是在战略战术中首选的原则，条件允许的情况，必要讲求把握先机，争取主动优势。

兵家之髓——军事实力，是一个国家至关要紧的大事

《孙子兵法》开篇讲："兵者，国之大事，死生之地，存亡之道，不可不察也。"具体释义是这样的：军事和国防实力，是一个国家至关要紧的大事，它决定了军队的生死和国家的存亡，一定要重视，去认真地研究考察。

以史为鉴，中国历史上的宋朝和清朝经济都发达，却不太重视军事和国防。宋王朝的创始人赵匡胤为防止兵变，启用文人管理军队，且把军事国防的各个部门都分散开，所以很难集结军队作战打仗，即使当时宋代的武器技术是先进的，但刻意防止拥兵自重反而导致了宋王朝的军事力量被自身削弱，最终被外族消灭。清朝灭亡有多种原因，包括体制的僵化，但是对国防科技的不重视是重要因素。所以军事实力真的可以决定国家的生死存亡。

中华人民共和国建立之后，国家实行了一项伟大的政策，在今天来看是极具前瞻性的，这项政策就是大力发展中国的国防事业。刚解放的中国一穷二白，人口众多，经济困难，各领域都等待战后修复。国际上，新中国的地位也还有待树立。但那时美国早已拥有原子弹，后来又有来自苏联的威胁，而我们国家在军事武器上完全敌不过这些国家。当时，国家政府排除万难，包括吸引众多优秀的科技人才回国，竭尽国力，节衣缩食，保证我们国家的独立性，不能被别国欺负。

首先做到军事上能"先为不可胜"，能让别人在军事上胜不了我们，

我们才能有机会发展。否则，即使我们的经济发展再好，别国一旦攻击，我们就会被轻易消灭。

我们的国家在增强军事实力上花了巨大财力，最终“两弹一星”研发成功。自此，西方列强不能也不敢真正威胁中国的领土。所以，军事实力决定了一个国家的存续和安危。有强大的军事实力作为保障，别国就不敢轻易侵略或者挑衅。在这样的保障之下，国家才能安心发展经济，于是有了后来的改革开放，加入世贸组织，经济腾飞，到今天中国成为了世界第二大经济体。

这便是兵家为国家层面带来的最直接的战略指引，中国文化的伟大就在于放之四海而皆准，久远古老的思想拿到今天依然还显得如此先进和适用。

第四节　谋家，史上最牛师父创造的韬略论

《易经》之于谋家

谋家创始人鬼谷子画像

《易经》与谋家创始人的关系

谋家的创始人是鬼谷子，其自幼额上生了四个肉痣，这四个肉痣生长的位置非常像中国二十八星宿中的鬼宿，所以取名鬼谷子。

鬼谷子师从老子，由于道家源自《易经》，所以鬼谷子深受《易经》思维的影响。鬼谷子是道家、兵家与术数的集大成者，同时也是墨子的朋友，并且是古代阴阳家邹衍、天文学家甘德与石申的老师。

谋家的太极

谋家的核心太极为权谋。

《鬼谷子·谋篇》提出："故变生事，事生谋，谋生计，计生议，议生说，说生进，进生退，退生制，因以制于事。故万事一道，而百度一数也。"

《鬼谷子·谋篇》阐述："事贵制人，而不贵见制于人。制人者，握

权也。”

人的一切内心活动来自于谋，而最终落实到实际在于权。有了权谋就可以观察人的心理活动，同时采取应对策略。权外在为阳，谋内在为阴。

谋家的阴阳

谋家的阴阳来自《易经》的阴阳，谋家将人的状态细分为阴阳，例如，长生为运转，为阳；死亡为停止，为阴。

《鬼谷子·捭阖》讲：“故言长生、安乐、富贵、尊荣、显名、爱好、财利、得意、喜欲，为‘阳’，曰‘始’。故言死亡、忧患、贫贱、苦辱、弃损、亡利、失意、有害、刑戮、诛罚，为‘阴’，曰‘终’。”

《鬼谷子·捭阖》又讲“阳动而行，阴止而藏；阳动而出，阴随而入。”《鬼谷子》通篇都在讲阴阳，通俗地讲《鬼谷子》就是《易经》的阴阳版。阴阳思想是谋家看待人和事物的标准，是谋家权谋的重要参考。

谋家的三才

通过对《易经》天、人、地三才模型的总结，谋家将人的不同性格提炼为“仁、勇、智”的模型，其中仁居上，智居中，勇居下。

《鬼谷子·谋篇》中阐述：“夫仁人轻货，不可诱以利，可使出费；勇士轻难，不可惧以患，可使据危；智者达于数，明于理，不可欺以不诚，可示以道理，可使立功；是三才也。”

仁者轻视物质为三才中的天，勇者脚踏实地直面困难为三才中的地，智者可以分清是非为三才中的人。

此外《鬼谷子·谋篇》中提到：“三仪者，曰上、曰中、曰下。参以立焉，以生奇。”皆源自《易经》中的三才模型。

谋家的四象

《易经》的四象模型与人的心理相结合，提出“捭、阖、揣、摩”四种沟通方式。

《鬼谷子·捭阖》中解释：“捭之者，开也，言也，阳也。阖之者，闭也，默也，阴也。阴阳其和，终始其义。”

《鬼谷子·揣篇》中阐述：“揣情者，必以其甚喜之时，往而极其欲也；其有欲也，不能隐其情。必以其甚惧之时，往而极其恶也；其有恶者，不能隐其情。情欲必出其变。感动而不知其变者，乃且错其人勿与语，而更问其所亲，知其所安。夫情变于内者，形见于外，故常必以其者而知其隐者，此所以谓测深探情。”

《鬼谷子·摩篇》中讲：“摩之在此，符之在彼，从而用之，事无不可。古之善摩者，如操钩而临深渊，饵而投之，必得鱼焉。”

“捭”是完全敞开的说，具备的是“老阳”主动的特点；“阖”是完全闭塞的沉默，对应的是“老阴”静默的性质；“揣”是通过主动调动语言找寻对方内在的虚实，反映了“少阳”以阳胜阴的特征；“摩”是通过伪装外表，隐藏自己的动机，用规律探测对方的内在实际想法，与“少阴”的以静制动的特点相匹配。

此外《鬼谷子·符言》中提到：“一曰天之，二曰地之，三曰人之；四方上下，左右前后，荧惑之处安在。”也是对四象的应用。

谋家的五行

谋家将应对事件的处理决断方法划分为五类，分别是“德”“贼”“诚”“匿”“素”，这五个类别分别都有与之相对的五行属性和特征。即德对应火，贼对应金，诚对应土，匿对应水，素对应木。

在《鬼谷子·决篇》这样阐述：“圣人所以能成其事者有五：有以阳

德之者，有以阴贼之者，有以信诚之者，有以蔽匿之者，有以平素之者。阳励于一言，阴励于二言，平素、枢机以用，四者微而施之。于事度之往事，验之来事，参之平素，可则决之。”

德对应火，是根据德的感化特点，配以火的转化特征；贼对应金，是依据贼的惩罚特点，对应金的肃杀性质；诚对应土，是采用诚的信义特点，匹配土的诚信特征；匿对应水，是根据匿的潜藏，与水的不外显对应；素对应木，是根据素的平直与木的生发正直相呼应。

谋家之精——国家级竞争无外乎就两种

纵横术

谋家最重要的精髓就是纵横术。纵横就是“合纵”和“连横”。

合纵就是“合众弱以攻一强”，如果你的团体和国家非常弱小，但是有一个大国总在威胁你。怎么办？可以把很多周围的弱小国家联合在一起，形成联盟，大家齐心协力，取长补短，联盟起来一起对付这个强国，这样强国就不敢轻易攻击，小国就不容易被灭掉，就是合纵。

连横就是“恃一强以攻诸弱”，如果自身很强大，凭借自己的强大实力就能把各个弱国攻陷，但如果这些弱国已形成了联盟，那就不好攻了，怎么办？那就要瓦解这个联盟，在联盟中找一两个国家，通过利益的友好往来交流，与其成为伙伴，这样就会逐渐将已有的这个联盟瓦解，叫作逐一攻破，就是连横。

鬼谷子的纵横之策，既讲了怎么样以弱胜强，又讲了如何以强打弱。

历史上，鬼谷子的学生苏秦通过合纵六国，把六个小国联合起来，一起对抗强大的秦国，使得这六国能够得到持续的发展。但后来，同样是鬼谷子的学生张仪又采用连横之策瓦解了六国联盟中的一两个国家，最终把联盟打碎，从而实现了秦国吞并六国的战略。可见合纵连横之术，对于国与国之间的外交有重要而深远的意义。

合纵在今天同样有很大的价值。2016 年，菲律宾对中国发难，挑战中国对南海的主权，自古以来南海就是中国的领土范围，随着中国被列强侵略，国力变弱，也就无暇顾及这些地区。随着我们国家的崛起，对南海更加重视，恢复了对南海的巡航。这时，菲律宾、越南等国有意见了，当时菲律宾的领导人阿基诺三世就采用了合纵之术来对抗中国。他开始在东盟发难，建立联盟，团结了包括越南在内的几个国家，对中国在南海进行牵制，希望就此使中国妥协，把中国的领海让给他们，这对中国来讲是根本不可能的。

针对这种合纵，中国也采取了对应之策。我们就采用了连横之术，我们在东南亚联盟当中找出与我们可以建立友好关系的国家，比如柬埔寨、老挝，他们也在这个联盟里支持中国在南海的政策，瓦解了来自菲律宾的发难。这就是典型的用连横打掉合纵之术，说明谋家在现代的国与国的外交上依然具有非常重要的价值。

捭阖，以静制动 PK 以动制静

谋家除了有纵横术这样的精髓，还有另外一个值得一提的策略——捭阖。

捭就是开，打开。是通过与人主动的沟通、交流进行引导，从而让对方同自己观点趋于一致。

阖就是闭，关掉。是不主动发表观点，对外来信息不做出明确反应，从而让对方表现其真实想法，由此探查与自己观点的异同。通过这一动一静的状态，掌握对方的意图、目的以及想法。

“捭”为开，代表动，为阳；“阖”为关，代表静，为阴。进一步解释，“捭”就是“以动制静”，“阖”就是“以静制动”。

捭阖思想作为阴阳的一种表现，能够概括游说、谈判中的策略与思想。

《鬼谷子·反应》篇曰：“人言者，动也；己默者，静也。因其言，听其辞。言有不合者，反而求之，其应必出”。

具体释义是这样的：当别人言语时，对方处于动态；自己沉默不言，则处于静态。静听别人说话可以了解别人的意图内涵，如果发现对方言辞中间有什么漏洞或者破绽，则纠其破绽反复追问，这样便可以从对方的回答中找到自己要的信息和内容。

这是谋家擅用的在动态中找到掌握对方行事的突破口，做到动中有静，静中有动，从而达成自己的目标任务。

出自《史记·李斯列传》中的这个案例是关于赵高引导胡亥篡位的故事，里面用的正是捭阖的精髓。

秦始皇出游会稽山途中病重，叫赵高留遗诏给公子扶苏，遗诏未送出，秦始皇就死了。赵高向来与公子扶苏不睦，于是赵高想私自隐瞒这份遗诏，打算拥立胡亥为王。

赵高找到胡亥，故意在其面前说：“皇上去世未留下遗命封立诸子为王，只赐给长子扶苏遗诏，等扶苏一来，就会立为皇帝，可是您连一点土地也没有分封到，该怎么办呢？”胡亥起初谨慎，装模作样表示父皇自己清楚哪个儿子该嗣位，哪个儿子不该受封，自己无话可说。

赵高进一步引导：“现在天下的大权，就在您、我和李斯手中，您为何要向人称臣受制于人呢？”胡亥心里开始动摇，但仍觉篡位不忠。

赵高又举商汤、周武王弑君，天下人称之为替天行道，不算不忠；卫出公杀父，卫国人因此更欣赏他的德望，举这些例子并强调凡做大事不可拘泥小节，凡事只顾细节而忽略整体，必然倒霉；犹豫不决，必定危险，要是果敢，放手去做，连鬼神也会吓跑，必定能成功。听到这里，胡亥不再推辞，但怕李斯知道此事会阻止修改遗诏。

此时，赵高见自己的“捭”已基本成功，于是迅速采用“阖”的策略来使对方下决心。他警告胡亥，时机很紧要，意思是过了这村儿就再没这店儿了。终于胡亥被说服了，成为历史上那位残暴的秦二世。

所以，捭阖是在阴阳的转化之中成就谈话沟通的智慧。在现代，外交、商业的谈判中必不可少的就是鬼谷子的这套捭阖术。

谋家之粹——世界上最早的心理学

其实鬼谷子的思想表面是在教人言辞谈判，根上其实是读心术，是一套探索人心理的经典理论。

《鬼谷子·揣篇》中讲：“揣情者，必以其甚喜之时，往而极其欲也，其有欲也，不能隐其情；必以其甚惧之时，往而极其恶也，其有恶者，不能隐其情。”

具体释义是这样的：当你希望了解对方内心所隐藏的真实想法时，一定要在对方特别高兴的时候，去把他的欲望（喜悦）提到最高，也就是调动他的欲望达到极致的状态；当他的欲望特别高的时候，就不能隐藏内心的想法了，自然会把内在真实的想法表达出来。反之，当对方处于非常恐惧的状态下时，就去把恐惧厌恶放大到极致，这样当对方在极度恐惧和厌恶的状态下，也会把其真实的想法表现出来。

这种方式鬼谷子称为“揣情”，其最关键的就是掌握对方情感发展与事物变化之间的联系。鬼谷子的这两句话告诉我们怎么去了解人内在不愿意表达的真实东西。鬼谷子深谙人的心理，能够看透人内心的各种真实想法，而且他的心理学不是静态的，是动态的。鬼谷子的这种思维一直以来在人际关系、公关和商业上都在应用。

比如2011年，IT界的一个非常重要的收购，这个收购就采用了“必以其甚喜之时，往而极其欲也”而达到了目的。

2011年的时候，曾经世界上最大的IT企业之一，摩托罗拉公司遇到了困难。摩托罗拉是手机的发明公司，有非常多的专利，研发水平很高。但在那个时候，由于经营的问题，摩托罗拉接连几个季度亏损，周转资金和现金流极度短缺，他们找到了当时世界上最有创新力的公司——谷歌。找到谷歌的CEO拉里·佩奇，看能否让谷歌公司参股摩托罗拉，用换股的方式来支持摩托罗拉移动业务的发展。拉里·佩奇开始是从这个角度来进行谈判的。但实际上，谷歌公司对于摩托罗拉所拥有的知识产权非常看重，因为摩托罗拉拥有的许多知识产权能对整个移动产业产生巨大的控制力。拉里·佩奇也愿意参股摩托罗拉，在谈判的过程中，当谈到入股占比例的问题时，拉里·佩奇发现摩托罗拉实际上对他们的研发和知识产权领域的工作感觉疲软，也不知道怎么能做得更好，有强烈的疲乏感。

这时，拉里·佩奇便开始采用“必以其甚喜之时，往而极其欲也”之术。首先，谷歌同意参股帮助摩托罗拉解困。此言一出，摩托罗拉非常高兴，拉里·佩奇进而言之，既然摩托罗拉做这个领域很辛苦，不如把它卖给谷歌，并出很高的溢价来买摩托罗拉移动的股份。于是摩托罗拉的CEO就开始认真考虑这件事。拉里·佩奇接着做到“极其欲”，就是把欲望调到极致，他给摩托罗拉出了一个极高的价格，以高于摩托罗拉当时股价接近一倍的价格收购。所以在摩托罗拉董事会决议的时候，毫无意外地得到了同意。靠这个手段，拉里·佩奇掌门的谷歌公司最终以125亿美元的价格收购了世界最知名的移动通信领域的鼻祖——摩托罗拉公司。

再看“必以其甚惧之时，往而极其恶也”，也是在商业中经常用到的一个策略。尤其是在保险行业使用得最多。通常人们对保险感兴趣的时候，就是在对未来的不确定性感到了恐惧的时候，希望有平安和安全感。保险行业的销售员很容易做到“极其恐惧”“极其恶”，把客户关心和害怕的事物结果放大，不买保险可能会有什么样严重的后果，将此效应传递给客户。当使用这种方式让客户产生“往而极其恶”的感觉时，通常保险的销售就达成了。

鬼谷子的谋家策略对我们现代社会中的商业竞争、外交角力方面都有巨大的帮助，值得体悟。鬼谷子对于阴阳思维的运用实际是反其道而行之，完全是对阴阳平衡思想的一种逆用，这是谋家极其高明之处。他强调的是如何找到打破阴阳平衡的突破点，从而寻求事件推进的关键，这一特点在鬼谷子的思想理论中完全显现。

第五节　名家，重新认识历史上最早的辩证逻辑

《易经》在名家

名家的主要代表人物是春秋郑国的邓析，前面讲过鬼谷子也是名家重要的先祖。邓析根据《易经》的阴阳思维，创造了著名的“两可之说”。世间万物，其对立面都是一种客观存在，只有相对，没有绝对。这里的观点是《易经》阴阳思维的核心所在。

名家非常善用《易经》的阴阳、太极思维，即抓住事物的核心，以及从正反两个方面来思考同一事物。既看到事物矛盾对立的一面，又看到事物发展统一的一面；既看到了积极的一面，又看到了消极的一面。名家将万物阴阳细化为“名”和“实”，名为虚无，为阴，实为实际，为阳 。

名家精髓——历史最早的辩证逻辑

名家里有两个派别，分别讲了很多好玩有趣的思想观点，对现代人的思维有很大的启发作用。但由于后世的人们对名家的专业研究很少，所以

社会上对名家关注不多。当了解了名家之后，就会发现它里面有非常系统的思维方式。

合同异派

名家的第一个派别叫合同异派，主要的代表人物叫惠施。

惠施认为：世界上的万物都是相互联系的，并且在不断地发展，事物的差别都跟时空有关。比如我现在的个头是1.85米，同样的我如果在两三百年前可能就没有这么高，就是说事物的不同都是和时间、空间的发展相关的。

任何事物所显示的特性，都是由一定条件决定的，不同的条件决定了事物所显示出不同的特性。比如，某一个人上班时，他表现出一个行为模式。回到家中，他可能是另一个行为模式。这就是在不同条件、不同环境、不同状态下，人会做出不同的反应。

但合同异派又认为，事物虽然存在诸多不同，但其本质都是相同的。他们认为所有事物的本质全都一样的，表象的不同，只是由于特定环境所导致，事物在根本上都是一样的，而且事物之间都存在相互联系。

惠施提出了“至大无外，谓之大一；至小无内，谓之小一”这样先进的自然认识。“大一”是说宇宙整个空间大到无所不包，不再有外部。“小一”是说物质最小的单位，小到不可再分割，不再有内部。墨家也有类似观点，认为物质世界是由微小得不可再分割的物质粒子所构成。

讲万物都是由一个叫“小一”的元素构成，用现代物理学的说法就是宇宙万物都是由夸克构成的，在夸克发现之前是说原子论，即一切事物组成它们的最基本微粒都是原子，而所有的原子之间没有差异。近代物理学的原子概念，惠施在春秋时期就给出了定义，只不过描述时的用词不同而已，现代科学叫“原子”，名家叫它“小一”。

同时，又表达万物所组成的宇宙，就是指整个大的宇宙系统是一个唯一的“大一”。这与现代物理学所认知的宇宙体系概念是一致的。也由于名家认为宇宙间“万物毕同”这一点，惠施他们的价值观念便主张“泛爱万物，天地一体”，就是万物之间都要讲爱，这与墨子的“兼爱”观是相同的，为此胡适也称其为“别墨”，这些便是惠施的合同异派中的理念。

惠施将事物的异同之处看作是相对的，但又是统一在一起的，其中凸显了名家的辩证思维。

离间白派

名家还有一个派别，叫离间白派。很多人了解名家都是从离间白派开始的，离间白派的代表人物叫公孙龙。以公孙龙为代表的离间白派有两个最著名的论点。

第一个叫白马非马论，就是白马并不是马，他认为马是一个动物属性，而白马跟马不一样，因为它是白的，所以白马不是马。马是马，白马是白马。

第二个叫坚白论。什么叫坚、白、石、二？他认为坚硬的石头具有坚硬的属性，白色的石头是白色的，白色的石头和坚硬的石头不一样，白石是白石，坚石是坚石。

离间白派的观点正好和合同异派的相对，他认为世间万物是互相独立的，任何事物都是独立而各不相同的。一个事物就是一个事物，而且在一件事物中，属性也互不相关，比如同为石头，有的石头是白的，有的石头是坚硬的，有的则松软一点。

公孙龙讲的这个辩证性思维，常常把很多人绕进去，也常被称为“诡辩”。其实他的思维本质就是：要懂得从不同的角度来看问题，学会站在不同角度和立场来表达一个事物现象，同时也懂得在同一事物的表现形式下，发现它们内在的不同点。同一个事物从不同的角度观察时，它所展现的特性是不一样的。就跟盲人摸象一样，摸腿的时候是觉得大象是根柱子，摸鼻子的时候觉得大象是根绳子，它们只是展示同一事物的不同侧面。

名家既让我们从哲学观念上了解了不同事物在不同角度是不同的，又了解了事物之间的相互联系性。名家思想以两个角度揭示事物的客观性，印证了《易经》中阴阳和合的统一性和阴阳之间的差异性。两千多年前，名家能通过辩证思维认识宇宙自然，并将其哲学化，这都使得名家成为诸子百家中具有纯理论性的一家思想。

第六节　农家，影响千年的预防管理理论

《易经》在农家

农家创始人许行画像

农家是先秦时期阐述农业生产理论和农民思想理念的一个学派，其源流来自神农时代。它的创始人许行，是鬼谷子的学生。许行非常钦佩神农，所以奉神农氏为农家的师祖来宣传自己的主张，许行从神农及鬼谷子的思想中学到了大量的《易经》思维，从而在其著作中也可看到《易经》作为活水源头的思想。

农家通过对《易经》三才思想模型进行总结，运用于民生大计，建立了"任地""辩土""审时"的模型，其中"审时"居上，"辩土"居中，"任地"居下。

《吕氏春秋·士容论》中的农家三篇《任地》《辩土》《审时》便是分别从地、人、天三才的角度来阐述的。

"任地"为土地选择，是三才中的地；"辩土"为耕作方法，是三才

中的人；“审时”为选择耕种的时机，是三才中的天。

农家精髓——历史上最早的预防管理民生实践

农家主张耕战，重视民生，提倡老百姓要能够种地，同时也能保卫家园。农家还重视军事管理，重视军队，因为只有军队才能保护国家。

农家的重农思想使其非常重视农业灾害问题。中国历史上预防管理体系里最好的派别就是农家，农家有一套管控灾害的体系，把灾害分为五害，分别为水、旱、风、疾病和虫灾，也提出了针对这五种灾害的预防管理方法。

许行认为农业最重要，所以他提倡重农抑商。从他的农业观里可以看出，农业是保障百姓生存的基本手段。当时没有工业生产，只有粮食丰产了，老百姓才有饭吃，才不会闹饥荒。

农家还认为农业是道德教化的前提，耕种让人产生成就感。此外重视农业的另一优点，就是能营造淳朴的民风，避免自私自利现象的出现。

在耕种思想上，农家强调天时、地利、人和三个因素的统合。《淮南子》中记载了农家的理论：“食者，民之本也；民者，国之本也；国者，君之本也。是故人君者，上应天时，下尽地才，中用人力。”

具体的释义是这样的：丰衣足食是老百姓的根本，所以要重视民生；老百姓是国家的根本，作为一个国家的首领，国家是他的根本。所以作为国家的领导者，上应天时，下尽地才，中用人力。

天时对农作物生长起到关键的作用，无论光照、温度、热度，还是水分等条件都会对农作物的产量产生影响，所以说农业要遵从春耕、夏耘、秋收、冬藏的四季规律，只有把时间节律掌握好，才能真正把握天时。

地才就是要根据地理环境的不同，种植不同的作物，比如在南方种水稻，北方种小麦，这就是下尽地才。

人力就是在天地之间，把人的能力发挥好，老百姓认真耕种，大家都快乐，这样整个系统就形成一个好的循环，就是天时、地利、人和的完美结合。

《吕氏春秋·审时》篇中也讲："夫稼，为之者人也，生之者地也，养之者天也。"通过这些记载就会发现，中国在2000多年以前，农业生产技术的系统化已经达到了很高层面，非常具有超时代的意义。

第六章 国学树皮

中医，世界上唯一具备辩证哲学体系的医学

前面的章节里已经为大家介绍了国学树系统中的树根、树干、树枝所呈现出来的丰富多彩的面貌。一棵千年大树的成长需要有强大的自我保护与更新机制，而在国学树系统里，中华民族的中医学就承载着中国文化的保护工作，庇护恩荫中华民族的健康平衡，使其生生不息。

第一节 《易经》在中医

中医是世界上绝无仅有的哲学性医学体系，以阴阳、五行、八卦的模型探索疾病与健康。中医学的内核更是以类象思维主导，将人体完全与自然相对应，发展成一套符合自然之道的医学理论体系。

如果没有深刻理解《易经》的道、法、术，对于中医的领悟是不容易透彻的。首先研究中医要以阴阳思维看待疾病的状态，会运用太极思维抓住疾病的关键，擅长以类象思维把握病情，这些是中医道的层面，是掌握人的健康规律的思维。

其次通过三才、四象、五行、八卦、干支等思想模型建立起中医之法，建立起研究人体致病机制与治病方案的体系。

最终，运用中医之术能够通过本草、针灸等具体治疗手段施行医治。于是，孙思邈才出箴言："不知易者，无以言太医。"顶级的中医是将《易经》道、法、术玩透的人。

第二节　中医的“中”讲的是平衡

讲到中国的医学体系可以用一个字来概括它的精髓，这个字就是中医的“中”字。这个中字，就是一个四方块，然后中间又画了一条竖线。由于有了这条竖线，两边整整齐齐地分割成了两半。所以中字的含义就是讲的是不偏不倚，就是不往左偏，也不往右偏。

南宋陈淳在《北溪字义·中和》讲：“那恰好处，无过不及，便是中。此中即所谓和也。”既不能太过，也不能不及，正是中的核心要义。在中国文化当中，左边代表阳，右边代表阴，“中”字用一条线把阴和阳分成均衡的两半，所以说中医是讲究身体阴阳平衡的医学。

中医发现：健康的身体都是阴阳平衡的。所谓阴阳平衡，就是说在正常情况下它的各个组织、器官、气血、经脉之间的能量分布是均匀的。如果某一部分器官能量过度充足，而另一部分却严重缺乏，身体组织之间能量分布不平衡到一个触发点，也就是极点，那么人的身体健康就会显现出病症。

中医中研究病因常用的是：六经辨证、八纲辨证和脏腑辨证。通过探究人体各个层面所展示出的失衡状态来找到人体的发病原因。

八纲里面包含阴阳、寒热、表里、虚实，这是运用阴阳思维涉及的一套判断病机的方法；六经辨证源于四象模型，是张仲景《伤寒论》的辨证纲领，讲太阳、阳明、少阳、太阴、少阴、厥阴六个疾病发展变化的机制，探讨的是人体由表及里的病变过程，其中涉及气血营卫的变化过程；脏腑辨证运用类象思维，讲究藏象，通过藏象探寻病位，以及脏腑本身的阴阳、虚实、寒热、气血的状态。这些所有的目的，无论是外邪还是内伤或者个人因素的致病，都是为了发现身体环境的失衡之处，从而通过治疗和调整达到身体最终的无过不及，即中的状态。

好比一张桌子少了两条腿就会失去平衡，也不能负载东西，也就失去了桌子的功能。人体由于外因或者内因的作用而使得内在能量状态分布不均衡，人的健康就会受到威胁，身体也会开始显现各种各样的问题和症状。

平衡才是硬道理，是身体健康最重要的标准。

第三节　人体是宇宙自然的全息模拟

中医重要的经典《黄帝内经》有一句著名的箴言，讲出了中医治病的核心机理，就是“夫自古通天者生之本，本于阴阳”。通天者生之本，是讲自古以来跟宇宙相互联系是生命的根本。这个根本又立在哪里呢？就是阴和阳。阴和阳是宇宙最基础的属性。

人体就是宇宙运行规律的完美呈现。

董仲舒的《春秋繁露·人副天数》中讲：“天以终岁之数，成人之身，故小节三百六十六，副日数也；大节十二分，副月数也；内有五脏，副五行数也；外有四肢，副四时数也。”

这里面董仲舒讲到人体运作是宇宙运行的模拟。诸多人体构成上的数理是与自然运转过程中的数理相互对应的，从骨节到五脏，再到四肢都与自然时间周期的数理匹配。

人体有 365 个穴位，对应一年的 365 天；人体有 12 对肋骨，一年有 12 个月；人体脊柱 24 节，一年有 24 个节气；人类牙齿有 28 颗，天体有 28 星宿；人有五官，五官对应了人体的五脏，也对应了五星，就是太阳系最重要的五大行星，木、火、土、金、水；以及人体有七窍，一个星期有 7 天。当然还有一个看不到摸不着的系统，一直在循环往复地支撑着整个人体的发展，就是人体的 12 正经经络，它也与一年 12 个月的数理相应。

同样，人类的生活作息通常都是白天以行动的状态为主，而到了夜间就休息睡觉回到一种相对静的状态，这也是与自然的昼为阳，夜为阴的状态相对应，做到与自然同气同息。所以，这便是为什么说人体是小宇宙，人是对宇宙自然的全息模拟，这其中归于中国古人看待宇宙与人类关系的一种态度，是智慧的宇宙观以及生命观的统一。

中医最大的特点就是将人体环境类比于宇宙自然的环境现象，从而来探寻人体生病的病机与病因，并且考虑如何调整成与宇宙自然同步的平衡状态。既然人体是宇宙的模拟，那宇宙怎么平衡，我们就仿照宇宙的现象，身体就可以平衡了，身体平衡疾病就不在了。听着简单，这才是真理，大道至简。

第四节　中西医的天然差异

现代西医是建立在实验研究基础上的，以解剖学、生物化学等为主要学科发展出来的医学体系，对人类的健康发展做出了重要的贡献。尤其是在外科手术以及传染疾病上都具有优良的治疗手段和药物发明，挽救了很多人的生命，西医在 18 世纪以后成为了世界的主流。

自近代以来，由于历史等诸多原因让中国失去了文化自信心，加上西学的涌入，令中医自民国开始逐渐被边缘化，几十年以来中国的主流医学也逐步以西医为主导。在被低估了数十年之后，现在国家开始大力恢复中医的地位，并出台诸多政策促进中国传统医学以及中药的恢复发展。但如果不能从本质上理解中西医之间的差别，中医还是不能走出属于自己文化的一条道路。

西医理论立足于临床实验以及解剖、生物化学等学科。所以，西医讲究直观，以通过各种仪器检测到的指标以及数据作为判断疾病的依据。西医从微观角度看待人体健康与疾病，因此分科详细，讲究头痛医头，脚痛医脚，哪里表现出症状就看哪个科，根本说就是病位医学。

中医理论认为人是有机的整体，每个部分需要均衡合作才能让身体运转正常，其中存在人体健康的身体环境。只要环境不出现偏差，疾病就不会影响你的身体。因此，中医是一套调整体内环境达到相对平衡的医学理论，准确地讲是环境医学。

比如感冒发热，西医对于一般感冒会不予治疗，靠人体自身恢复。但如果有咳嗽、喷嚏、咽喉疼痛，则会用一些缓解症状的药。而面对发热，西医治疗一般多考虑以体内炎症反应为治疗依据，采用抗生素消炎治疗，这些就是针对病位采用攻击性手段杀死致病因子的思路。

对于体内真有炎症感染的人来说，消炎药一下就让人退了热，感觉疗效迅速。还有一部分人，明明不是病毒感冒的发热，用了抗生素根本不会退热，只会越治越糟糕。但慢慢地，经常使用抗生素的人都会发现自身抵抗力越来越低，感冒发热频率增加，流感爱中招，经受不住气温变化。因为，抗生素不仅仅是杀死了致病菌，也对人体正常的菌群以及细胞产生损害，同时，抗生素药性寒凉冷峻，无疑对体内造成了大的刺激，伤及肌体自然机制，并且肌体逐渐对用过的抗生素产生耐药性，一旦再有炎症产生就需要对抗生素加量或者采用级别更高的抗生素才能够杀死病菌，这是西医以攻击病位为思路的治疗方式。

那么中医是如何治疗发热的呢？中医治疗感冒发热，会基于人们受到了怎样的外邪侵扰来进行施治，这些外邪侵扰包含了风、寒、热、病毒等因素，外邪侵扰使得体内环境是寒偏多了还是受风了，或者是有了多余的热了，中医就会采用对应的驱寒、祛风、清热、解毒等不同的方式来退热。

中医并不会采用杀死病菌的方式来治病，因为病菌即使全被杀死，如果体内易滋生繁殖病菌的环境没有得到改善，病菌还是会再次繁殖，只要环境被调整过来了，病菌自然无法存活，这便是中医治病的思路。“流水不腐，户枢不蠹”，意思就是流通的水不会有腐蚀物滋生，经常转动的门轴也不会容易腐朽，这句话完美地概括了中医环境医学的本质。

大家不要一听杀菌，多专业；一听寒热温凉真土。其实，我们都忘了：

寒热温凉是物理学概念，就是表面热量的多少，通过热量的调节就能恢复平衡的环境，这才是最 in 的事，而且这事只能中医做，因为玩物理医学，中医成功了 5000 年了。人体随时都有病菌，为什么不生病？根本原因是环境平衡，而不是杀了菌，菌是杀不完的。

我们现在做中医普及，很多对中医有偏见的朋友，听完课后就爱上了中医（类似于我们 20 年前讲《易经》），因为他们发现：中医不是治症的，而是治病的。

当我们知道了中西医彼此间的不同，我们就能认识西医的特点与专长，也准确地看到中医的高深与长远。从中医理论里，我们感悟到来自《易经》的自然哲学，也体会到中医对中华民族生命的守护。

第七章 国学花叶

琴棋书画，中国思维的四种境界

第一节　琴棋书画，古代文人的四种思维训练

一棵繁茂的国学树就是中华民族灵魂精神的完美呈现。以追求生命的平衡和谐发展为目的，中华祖先在对自然的认识下，创造了历史上一次又一次的文明繁荣与稳定。

琴、棋、书、画作为中国古代最重要的文化艺术，凸显了人文化成中的精神文明成就，是国学树生发出的绿叶与红花，不断陶冶着一代又一代的中国人。

琴、棋、书、画作为古代文人以及士大夫阶层必修的内容，表面看是四种陶冶情操、增强人文素养的艺术形式，实则却是四种完全不同的思维训练技能。

古琴之所以被排在首位，并不是因为它最容易学，而是因为它的思想价值最高。古琴所承载的思想内涵最为抽象无形，难度最大；其次是围棋，围棋由黑白两色棋子呈现出无数种阴阳变化的过程；书法是汉字的艺术表现手法，由书写汉字的过程体悟具象与抽象的转化思维；国画，对应了具体的景物、人物、情境、事物等，训练了人的聚焦能力以及延展能力。

在这一章里，介绍琴棋书画的顺序会从国画开始，到书法，再到围棋，最后是古琴。以画、书、棋、琴的顺序介绍，目的是为了体现这四种艺术形式由浅及深，由具象到抽象的进阶式思维过程。

第二节 国画，由思维境界决定艺术价值的绘画

国画应该是世界上最难画好的画。毕加索早年虔诚地临摹齐白石的国画，所用材料都是中国画纯正的水墨颜料，纸张也是国画所用的纸，并且画出来几乎是形似了，但整幅画却没有国画所该有的意境和情趣。

齐白石 国画《牵牛草虫》

古人有“书画同源”的说法，国画与书法不仅同宗同源，而且同理，是以毛笔、墨、纸为主要材料在平面上呈现的一种艺术美学形式。国画力求体现天地万物的生命气韵，将宇宙自然的生命精神透过大自然的山水草木流贯于整个作品间，追求一草一木一山一水的生命情调。其中所讲究的气韵与意境，源于《易经》里意象结合的思维习惯，这是画家对于画面形貌之外的感悟力的体现，与画家的天性禀赋以及生活阅历、思想修为有着直接的关系。

所以国画的技巧即使都掌握了，但技法之外的功夫才是画好国画的关键，就是所谓“画外求画”。所以，这也是毕加索即使将齐白石的国画临摹得那么形似了，也无法得其气韵的原因，因为他不具备中国文化的哲学思想，以及没有类象思维的浸染。

书画大师石涛在其著作《苦瓜和尚画语录》中明确指出阴阳统一的辩证思想，创立了“一画”概念；“扬州八怪”郑板桥在《半盆兰花》图中题句：“盆是半藏，花是半含”，这是一种半虚半实、半含半露的艺术手法，更显灵动和生机。国画手法上重视笔与墨的功夫，以毛笔着力的轻重疾徐，产生线条的刚直、柔和、飘逸、严整等变化，而水墨的浓淡、枯渴湿润变化则使得每一幅国画都不同。

国画的思维训练

国画所展示出的信息内容以及意境总体还是以具体实物为参照的，是对现实生活中的素材进行写意。从表现素材说是属于具象的东西，画的启蒙学习适合训练孩子的具象思维。

苏轼说：“论画以形似，见与儿童邻。”是说表面形象与实物形似，适合孩子来看。虽然这句话是说形似不是国画的追求，但孩童期从具象出发是思维发展的必要过程。

因此，画成为锻炼人从具象思维出发、逐渐过渡为抽象思维的训练，是四艺中最为容易上手的学习内容。通过对某个事物或者场景的聚焦从而抓住其中的内涵核心，并加以渲染与延展，培养了人的聚焦能力以及艺术想象力和延展能力。

第三节　书法，系统展现文字美学的艺术表达

在世界范围内，拥有书法艺术的国家本身就很少，也只有中国书法具有悠久的历史，也是国学树上最茂密的花叶。中国书法自古享有崇高的文化地位，它不单纯是一种汉字的书写形式，而是以汉字为载体的艺术美学形式。只要是拥有自身文字的民族，在其书写过程中都有对于自己民族文字加以艺术化或者美化的形式存在。如，英文中的不同花体字，伊斯兰文字如花纹似的书写，但因为它们的文字本身就是为了记载声音、语言而产生的，因此即使是再多样的书写艺术化也只能是停留在形式工艺上。

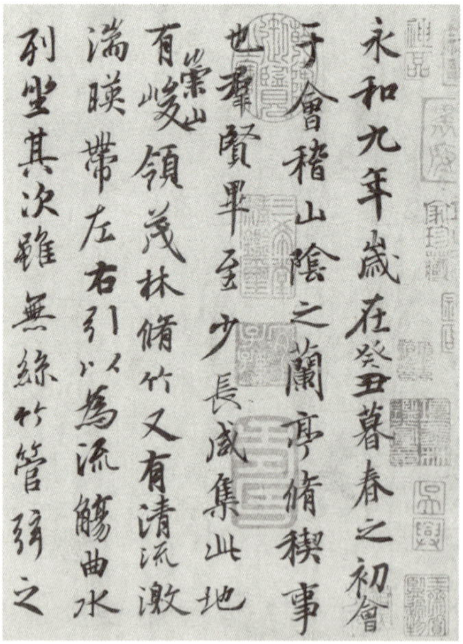

王羲之 书法《兰亭序》部分

但是，汉字书法却不同，汉字本身就是表意文字，在字形中直接蕴藏的是这个字所含的信息内容和哲学寓意，具有极强的概括性，所以汉字书法的创造就存在更丰富的

变化与组合。

汉字书法是以线条的运动来表现汉字的节奏感与韵律，通过线条的长短、曲直、粗细、起落的变化，通过停顿、中断、连接、交叉、呼应以及笔墨的浓淡枯润、着墨留白之间的配合，在平面上组建成具有艺术性的字结构以及篇章布局，更加凸显时间与空间统一的特性。

在书法的书写过程中，阴阳思维又是其主导，比如用笔而言，点画之力外露为阳，内敛为阴；直为阳，曲为阴；粗壮为阳，纤细为阴；笔锋外拓为阳，内藏为阴。

布局上讲究，疏朗为阳，密结为阴；字大为阳，字小为阴。在书写中往往就能传递出书写者的个人性格、学识与气质修养，常有“字如其人”“书为画心”的说法。掌握众多阴阳思维与法则，辅以临习之功、个人之性，方成大器。

书法有“兼虚实于一体，融阴阳于一身”的特点，使得它的表达更为独特、深邃，其艺术价值更加博大精深，这也正是书法生于中国而非别土的根本原因，可以说是中国以《易经》为核心的传统文化滋养了书法的孕育和发展。

北宋的苏轼，著名诗人、书法家，其书法改变了唐代“尚法”的传统（即注重书写的技法），追求个性解放的“尚意”（即注重书写的意境）。他喜用卧笔偏锋，字势能给人圆劲宽博、意忘工拙的酣畅感觉。苏轼之所以能够写出这样的书法，其主要的就是他喜研《易经》，且处处将《易经》的思维（尤其是类象思维）融入书法中。

中国古代根据《易经》思想进行创作的大书法家数不胜数，如怀素、欧阳询、赵佶、文徵明、王羲之、颜真卿、柳公权、苏东坡、傅山、张旭、黄庭坚、王献之等，他们以自己的亲身实践，使得书法不仅成为表达最高意境与情操的民族艺术，而且也使书法成为人类展示思维的一种美学表达。

书法的思维训练

书法的学习锻炼了人的思维转化能力，书法学习的过程是思维从具象到抽象的转化过程。

一方面，书法的书写是以汉字为书写对象的，运用实际的运笔方式和构局技巧，这是我们可以用眼睛从表面上观察到的书法的形态现象，是书法“实”的体现（具象），属阳。

另一方面，书法虽以线条为基本表现语言，但是汉字却具有极强的内涵性，是事物信息的载体，汉字中充满类象的内容。它是高度概括的艺术形式，是书法“虚”的体现（抽象），属阴。

因此书写汉字的过程中，大脑既有对具象信息的接收，又有对抽象寓意的拓展，在书写过程里加深了人的思考与修炼，以及思维转换能力。

第四节　围棋，展现阴阳思维的智力运动

围棋直接是《易经》系统下的重要创造，其核心机理来自《易经》系统中的河图，包含了宇宙的时间与空间，其中蕴藏阴阳、太极思维。

以黑白二色棋子为基本元素，代表着阴与阳，棋盘一尺二寸，代表十二个月；纵横各十九条线构成三百六十一个子位，符合旧历一年的天数；以棋盘的方与棋子的圆为基本造型，象征着天圆地方。在纵横十九路的棋盘上黑白棋子相依并存，此消彼长，正是阴阳之道衍生万物，变化莫测，蕴蓄着无穷的可能性，演化出难以数计的复杂棋势。

妙林居士《棋趣图》

围棋一开局，双方轮流布棋，产生的变化就有 361 的阶乘种变化形式，其中还有衍生和分化，这里面蕴藏了世间无数的变化可能性，以至于

“有星辰分布之序，有风雷变化之机”，所以产生于宋代的中国围棋经典《棋经十三篇》，明确指出：“枯棋三百六十，白黑相半，以法阴阳。”

围棋的对弈中蕴含着抽象的自然之道，想要深刻领悟围棋中的思维，那么对于《易经》的哲学学习是一定不能少的。“昭和棋圣”吴清源先生在20世纪与日本棋手的对弈中，以绝对的胜算持续多年。在他著作的《中的精神》里，他讲到自己每天都学《易经》，用河图和洛书来布棋，他对中国哲学的体悟深广，这也使得他被称作棋圣，棋艺达到至高境界。

围棋在方寸之间，以黑白两棋子抽象地展现了人生的大悲大喜，如弈棋中那样辩证思考布局：整体与局部，取与舍，攻与守，纵与收，进与退，急与缓，先与后，虚与实，平常心与胜负心，主观与客观这等阴阳关系，如此是微缩了人生百态，体悟人生真谛。

围棋的思维训练

围棋的表达形式就只剩下黑白棋子，把所有有形的变化均化作黑白棋在棋盘上演绎，具有极高的抽象性，作为一套完整训练太极、阴阳思维的绝对技艺，锻炼了人抓住事物本质的能力，以及辩证思想，还有统筹全局的观念，更是一套系统有趣的哲学思维训练。

第五节 古琴，史上最早音乐治疗的乐器

琴，专指中国古琴。古琴是根据《易经》的原理创造出来的乐器，也可以称作音乐里的《易经》，《易经》的乐器。

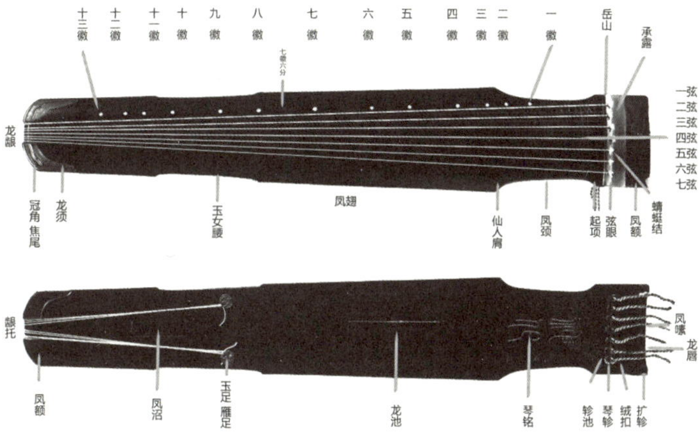

古琴结构示意图

整个古琴的形状就是模拟天、人、地的状态，把一把琴立起来就是一个人的样子，上面这个头叫“凤额”，凹下去的部分叫“凤颈”，底下是腿和脚。古琴横着摆的时候，上头是圆的，下头是平的，这叫天圆地方。

古琴的尺寸是三尺六寸五，对应的就是人体的 365 个穴位，也就是一

年 365 天。古琴原来有五根弦，后来周文王加一根，周武王又加了一根，就成了七根弦，叫作“文武七弦琴”。古琴原来的五根弦对应出的五音实际是与五脏产生共振的，其中的创作依据来源于五行原理。后来加的两根弦实际是把琴弦往背面收，这是代表十四条经络，也就是任督二脉再加上十二条正经。

古琴底部有大小两个音槽，位于中部较大的称为“龙池”，位于尾部较小的称为“凤沼”。这叫上山下泽，又有龙有凤，象征天地万象。里面有两根柱子，一根叫乾柱、一根叫坤柱，来支撑琴。琴的里面还有“山河湖海”，这叫四象。

古琴弹的时候有十三个徽位，代表一年十三月，阴历中有个闰月。徽位的作用是定音，十三徽位的定位标准也是以太极——两仪——四象——八卦的衍生过程模拟生成的，与宇宙能量系统相对应。

古琴的五音，宫、商、角、徵、羽对应着五行的不同能量，古琴的琴音由声波组成，是通过琴弦、琴体以及空气之间的振动产生，而人类的脏腑也有自身的五行属性，脏器本身存在其对应的律动与运转频率。如果脏器发生病变，这种正常的频率就会异常变化，而通过古琴中的五音音律去对应相对的脏器就能从五音音乐的振幅、音调、频率等层次调整脏器能量的平衡（共振原理的一部分），所以，古琴一开始就是以无形无象的能量音频治病用的。

比如说当一个人肝不太好的时候，在对应肝脏也就是古琴的“角音”上有它固定的频率，弹出这个音，所产生的声波的物理能量就能调和肝脏功能的失衡，也就是“同声相应，同气相求”的共振。古琴的音很神奇，“余音绕梁，三日不绝”，就是指弹完古琴后，琴音还会在空间里环绕很久。

古琴还可以根据每个人的行维属性，也就是他的天性所对应的卦象模型来作出适合的古琴曲，用以平衡身体的五脏状态。

古琴是中国士大夫阶层最高端的乐器，它的琴谱最早是以文字谱书写，里面将古琴演奏中的形与神都细致深刻地记录下来，但这样的文字谱却是极度抽象的，它不直接体现琴音的高低而是通过指法的描述来传达古琴演奏的无限变化形式，这些指法的描述文字多来自《易经》中的卦理，是对宇宙自然之理的一种复制，因此古琴的学习难在深刻理解真正的古琴文字谱中的内涵，这也是抓住琴音神韵的关键。

如今的古琴谱已经是后世演奏家根据考证以及合版、弹奏经验等形成的一种名为打谱的工作成果，是将文字谱进行翻译和整合，打谱的形成虽然降低了人们对于古琴艺术理解上的困难，也易于传播和传承，但离真正古典的古琴神韵还是多了一些偏差，因为被固定下来的艺术表达也就意味着形神韵味受到了一定的框限，无法完全还原古人最本源的琴音意境。所以，学习古琴到了高段位的时候，都会是回归到文字谱上来研究，只有从这里面才能够获取最贴近古琴本身的灵感和领悟。

古琴的思维训练

从画、书、棋到古琴，就只剩下以声音的能量形式传递所承载的内容信息及情感了，所以这是最高抽象的艺术形式。学习古琴锻炼了人对精微能量的感受能力，激发大脑思维意识进行工作和转化，是一项脱离视觉感官的思考方式，具有提升思维的价值。仅仅通过一把琴来展示和感受世间万事万物的状态与情境，表现丰富的内涵信息，的确是难度最大的抽象训练过程。

第八章

国学之树的成长

史家，文化自信的基本依据

史家精髓——任何组织在适合的时空下都可以成功

至此，我们已经了解国学这棵大树所涵盖的各个部分，而详备的中国历史就记录和描述了这棵大树成长的具体风貌。

中国历史绵延流长，自人文始祖伏羲在天水卦台山画卦以来，经历了夏、商、周、秦、汉、隋、唐、宋、明，一直走到今天，其中也经历了两个中国文化断层的时代，一个是元时期，另一个就是清时期。如今在国家的大力支持下，中国文化重新开始复兴，这是中国文化传承的重大举措。

历史，实际上是一部统治者的历史。每一个朝代，都对它之前王朝的历史进行了一些修改，按照他们对前一王朝的认知，再根据当时王朝所需要达到的目的，去编写史书。我们现在看到的各种文献所记载的历史发展过程中的具体细节，不一定是历史的本来面目，需要历史学家、考古学家和文化学家的认真考证，因为每个时期记载的历史都是为了满足本朝的需要而书写出的片面的历史，也因此每一部历史都值得去认真谨慎地探究。

清朝在记录明朝历史的时候，对明朝历史进行了很多的歪曲。因为清朝统治者希望老百姓和后世的人们对清朝有一个良好的认知，所以记录历史时大篇幅地否定明王朝。如今随着历史逐渐地远去，清朝慢慢也走进历史，成为历史长河中的一朵水花，这时明朝历史的面纱也就逐渐揭开了。这就是历史的特点，不能完全以史书的记载作为根本，但是可以作参考。

我们讲“以史为鉴”，就是说历史可以作为我们现在的参考。但“以史为鉴”时，每一个人都要清晰地知道，要考虑到时间、空间的背景，不能拿历史上发生过的某一件事直接和今天进行类比，因为今天的时空跟历史上当时的时空已经完全不同了。如果忽略了时空对历史的影响，而直接用历史作参照，其参考作用和借鉴价值就大打折扣了。

讲到历史，我们通常有很多模糊的概念。比如说中国历史，我们都认为中国有长达几千年的封建历史，当西方已走到资本主义社会的时候，我们依然是封建社会的状态。其实这是一种概念性的模糊，或者说是一种认知缺陷。

对于中国是不是经历了几千年的封建社会，在认知和理解上有很大的误区。准确地讲，在中国历史上只有一个朝代是封建社会的朝代，而随后发展的王朝早已都不是封建社会了，但我们通常都不深究历史的内涵，直接把过往历史的每个王朝都叫作封建社会，这会对中国文化的认知产生扭曲。

所谓封建是指分封建侯，就是指在新王朝取代旧王朝后，对王朝建立时做出功勋的人进行奖赏，把他们变成诸侯，分给他们一块疆土，形成诸侯国，这样就形成了封建社会。而这么产生的封建社会，在当时的历史环境下是一个非常稳定的结构。

周朝就是封建社会的完美体现，周朝的国家治理以及管理体制，对现代有非常重要的借鉴意义。周朝的封建体制，是在一个大的国家体系中，有很多的诸侯国，类似于现在的联邦制。同时周朝的最高领导者皇帝，只负责军事、外交和税收的统一管理，其他由各诸侯国自己去负责、去发展。

想到这里，就不难发现这样的政府架构正是现在西方的一些国家所用的，尤其类似于美国的联邦制国家体系。这个体制早在中国的周朝就有了，而且是当时先进的封建社会的治理体制。

自周王朝后，中国就再也没有真正的封建社会了。倘若中国一直以来是周王朝式的封建社会，那我们从周朝以来就都会是世界级的超级大国。封建社会的体制让周王朝稳定地存在了800年之久。虽然周朝后期中央的管辖力量少了，但它依然是一个有中央建制的整体的封建国家。

自秦朝以后，中国就不再是一个封建国家了，变成了架构类似于金字塔式的大一统国家，也就是中央集权制国家。从秦朝一直走到清朝，都是中央集权体制。而中央集权也一样带来了中国古代的繁荣发展，如唐朝、宋朝和明朝，经济昌盛，国力强大，不管文化还是科技，都得到了长足的发展。所以，历史让我们看到古代国家的统治、管理、治理决策。中国古代历朝历代主体是中央集权制的政治体系，但每朝每代的国家组织架构中也有具体差别，因此研究这些组织架构也能从中汲取诸多有价值的方略，这是研究历史的益处。

讲到这里举一个例子，看看中国历史上最辉煌时期的国家结构，就知道那时候的组织领导体系还是非常先进的。以唐朝为例，唐朝采用的组织结构叫作三省六部制，这里的省并不是行政地理区域划分所说的省。唐朝三省六部的“省”比我们行政区域的省级别要高。目前可以和唐朝“三省六部”架构中的“省”进行类比的国家是日本，日本国曾吸收了大量汉唐时期的中国优秀文化。

唐朝的三省六部制架构使得唐朝稳定地治理了国家。在这个架构下，当时的国家有很多的创新和发展。

三省分别是：中书省、尚书省和门下省。中书省相当于现在的国家战略决策委员会，是国家决策机构；尚书省，相当于国务院，是一个国家决

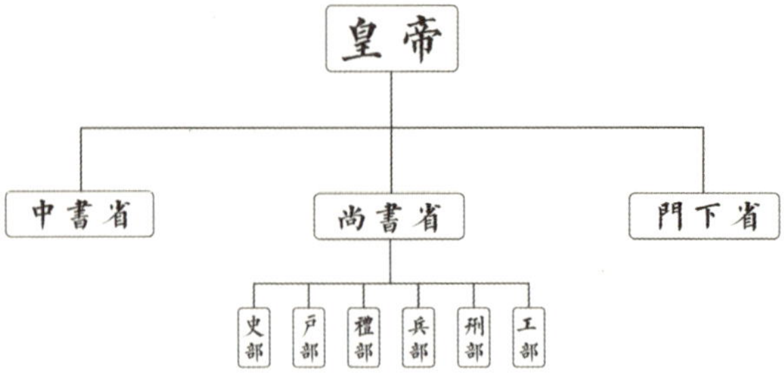

三省六部制

策的执行部门；门下省很厉害，就是现在的国家监察部门。所以唐朝时代政府就知道有执行必须有监督，这样国家职能才完善，加上一个好的决策委员会，它们都统一在国家领导人之下。

尚书省，就是现在的国务院，下设六个部门，相当于现在的部委，这些部门执行机构保证了各个领域的单独发展。这六部是吏部、户部、礼部、兵部、刑部以及工部。吏部相当于现在的人力资源部，负责选拔和调动人才，对人员进行管理。户部，相当于现在的财政部，主管国家的经济和财政体系。礼部，负责教育和培训，相当于现在的教育部，可见唐朝就对教育非常重视，并为此专门设置了管理机构。兵部，类似于现在的国防部，负责军队管理。刑部，相当于现在的司法部，负责法律、刑法、民法有关的事务。工部，是负责工程制造和生产的部门。

这个架构把国家治理所该有的各个部门都涵盖了，直接保证了唐王朝稳定的组织结构和长期的发展。如果认真研究中国历史每个阶段、不同朝代的组织架构，我们就能看到，每一个历史阶段的国家架构都对当时的朝代产生了重要的影响。同时，也对现在世界范围内的组织架构，包括企业或社会的架构具有重要的借鉴价值。

有句话常说：我们要向前看，要向别人学习。其实中国人更应该回看我们的历史，中国几千年的历史中，几乎把现有我们所能了解的组织架构类型都实现过一遍，我们可以从中找到和分析其优缺点。

历史对于一个有悠久传统的国家，具有非常重要的现实指导和借鉴意义。在今天的中国，我们都应该静下心来去感受古人那些历经时空辗转的思想精髓。我们每个人，更应该从教育之始就要了解自己国家的历史，这样才能深刻地理解人类的发展过程，才能理解并热爱自己的文化。

午 语

中国传统文化绵延8000多年，源远流长、博大精深，它是中华民族凝聚力和创造力的不竭源泉和动力。中华民族的文化经过千年的沉淀积累，形成了自己丰富庞大的智慧宝库，而国学体系正是集中包含了其中的思想精粹。

我们通过逻辑性的梳理和形象的类比，将中国文化的本质、中西方文化的本质差异、中国文化的核心价值观等都进行了透彻的阐述。再通过对国学体系正本清源地展现，以国学树的直观形象让人们深刻理解国学之根、干、枝、叶、皮、汁及生长历程，向人们展现真实的国学文化魅力，证明自己国家的古代文明之发达，从中见证和理解中国传统文化的勃勃生机与强大的生命力。

而《易经》作为国学树的根系，其中的思维模式也带给了中华文化一脉相承的基础。找到了中华文化的根基，我们再学习国学就不会如无根之草般摇曳，抓不住国学的脉络，也不至于仅仅是管中窥豹。最后人们会明白，中国传统文化的优越从来不是非此即彼斗争颠覆出来的，而是经得起时空变化验证所展现出的道理。

参考书目

许慎：《说文解字》

冯友兰：《中国哲学简史》，北京大学出版社，2013 年

梁漱溟：《东西方及其哲学》，山东人民出版社，2005 年

许文胜：《易经之道》，东方出版社，2008 年

吴清源：《中的精神》，中信出版社，2003 年

奥斯瓦尔德·斯宾格勒（德）：《西方的没落》，陕西师范大学出版社，2008 年

李约瑟（英）：《文明的滴定：东西方的科学与社会》，商务印书馆，2017 年

荣格（德）：《东洋冥想的心理学：从易经到禅》，社会科学文献出版社，2000 年

图书在版编目（CIP）数据

国学之树：重新发现古中国人的思维智慧 / 许文胜著. -- 武汉：长江文艺出版社，2019.12（2023. 9 重印）

ISBN 978-7-5702-1337-5

I. ①国… II. ①许… III. ①中华文化－研究 IV. ① K203

中国版本图书馆 CIP 数据核字（2019）第 256630 号

国学之树：重新发现古中国人的思维智慧

GUOXUE ZHI SHU : CHONGXIN FAXIAN GU ZHONGGUOREN DE SIWEI ZHIHUI

许文胜 著

选题产品策划生产机构 | 北京长江新世纪文化传媒有限公司

总 策 划 | 金丽红 黎 波

责任编辑 | 陈 曦　　装帧设计 | 郭 璐　　内文制作 | 张景莹

助理编辑 | 华海玲 吴传柱　　责任印制 | 张志杰 王会利

法律顾问 | 梁 飞　　媒体运营 | 刘 冲 刘 峥 洪振宇

总 发 行 | 北京长江新世纪文化传媒有限公司

电　　话 | 010-58678881　　传　　真 | 010-58677346

地　　址 | 北京市朝阳区曙光西里甲 6 号时间国际大厦 A 座 1905 室　　邮　　编 | 100028

出　　版 | 长江出版传媒 | 长江文艺出版社

地　　址 | 湖北省武汉市雄楚大街 268 号湖北出版文化城 B 座 9-11 楼　　邮　　编 | 430070

印　　刷 | 天津盛辉印刷有限公司

开　　本 | 710 毫米 ×1000 毫米 1/16　　印　　张 | 13. 25

版　　次 | 2019 年 12 月第 1 版　　印　　次 | 2023 年 9 月第 3 次印刷

字　　数 | 175 千字

定　　价 | 58.00 元